河合塾
SERIES

アクセス復習プレミアムノート

＊

[基本編]

＊

河合塾講師
荒川久志
菊川智子
立川芳雄
晴山亨
共著

＊

河合出版

はじめに

この問題集は、**『入試現代文へのアクセス 基本編』専用のワークブック**です。本書を用いることで、『入試現代文へのアクセス 基本編』の**効果的な復習ができる**ように、さまざまな工夫がしてあります。しかもそれだけでなく、『入試現代文へのアクセス 基本編』には収録されていなかった新しいオリジナル問題に取り組むこともできます。

『入試現代文へのアクセス』シリーズは、刊行以来とても高い評価をいただいてきましたが、そうした中で、多くの受験生から、**効果的に復習をする**にはどうすればよいのかといった質問も寄せられてきました。そんな声に応えるべく作られたのが、この『アクセス復習プレミアムノート 基本編』なのです。

この問題集は、**『入試現代文へのアクセス 基本編』と並行させて、あるいはそれを終わらせてから使う**ようにしてください。そうすることで、学習効果もより大きなものになるでしょう。

本書の特徴

- Brush Up には、復習問題を8題収録。これらは、『入試現代文へのアクセス 基本編』の中からとくに重要と思われる8題をピックアップし、その**既出の文章に別の設問を付けたもの**です。この問題を解くことで、より深い読解とより豊かな知識・教養の獲得が期待できます。
- Follow Up には、応用問題を4題収録。これらは、『入試現代文へのアクセス 基本編』には収録されていなかった、**新たなオリジナル問題**です。この問題を解くことによって、読解力がどれくらい定着したか、確認することができるでしょう。
- **「知識を広げる」**は、入試に必要な教養や語彙力、国語常識などを養成するための設問。**「読解を深める」**は、より高度な読解力を養成するための設問です。
- **「知識へのアクセス」**は、知識を学ぶ際に心がけるべき注意点です。あとから確認しやすいよう「解答・解説編」の巻末に一覧表を付けました。また、『入試現代文へのアクセス 基本編』にあった**「読解へのアクセス」**と**「正解へのアクセス」**も、一覧表を再録しました。
- 『入試現代文へのアクセス 基本編』にはなかった**本文要約、あるいはそれに準ずる問題**を追加。要約の練習を通じて、より深く本文を理解することが可能になりました。
- 〈勉強の仕方〉への不安を感じている受験生のために、その解消の一助となるべく、**入試現代文への取り組み方などについて述べたコラム**も収録しました。

目次

Brush Up

『入試現代文へのアクセス基本編』の中からとくに重要と思われる8題をピックアップし、その**既出の文章に別の設問を付与しました。**

●〈ブラッシュアップ〉の取り組み方

1 本文を読んで内容を確認し、設問を解く。

いちど読んだことのある文章でも、あらためて読み直してみましょう。『入試現代文へのアクセス基本編』の**〔本文の解説〕**を使って、本文の論理構造や流れ、趣旨などを確認してください。

2 本書の〔設問の解説〕を読みながら、解答をチェックする。

とくに**「読解を深める」**では、正解か不正解かという結果だけを見るのではなく、解答に至る筋道が正しかったかを確認しましょう。また**「知識を広げる」**では、派生的な知識などについての解説があれば、その部分もしっかり読んでおくといいでしょう。

3 しばらく時間をおいてから、復習する。

とくに**「知識を広げる」**では、最初に解いたときに正解できなかった問題をチェックしておきましょう。それが自分の知識として身につくようになるまで、何度も繰り返し確認することが大切です。

なお、設問についている★印は難易度の目安で、★が多くなるほど難しくなっています。★★★★はかなり手間のかかる問題なので、どうしても解けないというときには、**〔設問の解説〕**をよく読んで、解答を書き写してみるだけでもよいでしょう。

Brush Up 1

『機械の心・動物の心』西垣《にしがき》 通《とおる》

（→基本編 P24）

1 現代は心の病気がはやる。もしかしたら、一つの原因が社会の急速な情報化にあるのではないかと、私はひそかに考えている。

2 そういえば、近ごろ「心ない人」とか、「心あるはからい」といった言葉をあまり耳にしなくなった。どうやら「温かいハート」といった昔ながらの心のイメージは、だんだん失われつつあるようだ。

3 では「温かいハート」でなく何になったのかといえば、心は「思考する頭脳」に近づいてきたのではないだろうか。現代人はまるで自分が情報処理機械であるかのように、せっせと情報を処理している。やりすぎると、ついに頭のはたらきがオカシクなることもあるのだが……。

4 ヒトの心が情報処理機械なら、「機械の心」を作ろうとする野望[1]をいだく連中があらわれてもいっこうに不思議はない。コンピュータ技術は［2］進［3］歩、いつかかならず心をもつロボット「鉄腕アトム」が出現するにちがいない、というわけだ。夢はおおいに結構。しかし、現実にはそうは問屋がおろさない[4]。言葉をしゃべるロボットの開発をめざした人工知能の研究がムザン[a]に頓挫[5]したのは、数年前のことなのだ。

5 ああ、いったいなぜ、「…機械の心」は完成しないのか——理由を究めようと瞑想にふけっていると、突然ワン君に吠えられた。ギョッとして、その顔をみながら考える、「犬に、いや動物に心はあるのだろうか」と。愛らしいワン君の顔を前にすれば、「お前に心はない」なんてとても言えそうにない。「機械の心」は無理でも、「動物の心」は間違いなく存在するのではないだろうか。しかし動物学の書物をひもとけば、動物に心や意識があると簡単に仮定してはいけないことがわかる。

6 もっとも、最近は動物の意識についての研究も本格的におこなわれている。ヒトとともに進化してきた以上、ほかの動物も、たとえヒトとは違っていても何らかの心めいたものを持っている可能性は否定できない。そして実際、驚くべきことに、訓練された類人猿やオウムの中には、簡単な言語をあやつってヒトとコミュニケートできるものもいると報告されているのである。

7 [b]カンジンなことは「動物の心」と「機械の心」との大きな違いだ。動物の心は、いわば「温かいハート」に近い。難しい計算も推論もできないし、コンピュータのような情報処理機械からはほど遠い。だが感情めいたものはある。そこで私はワン君に話しかけ、「心を通わせよう」とする。こちらが落ち込んでいるときのワン君の心配そうな顔……。

8 ワン君が高度な文法にもとづく文章を理解できないのは当然だ。だが「お手」とか「こっちにおいで」といった、簡単な言葉の〝意味〟は瞬時につかむ。生物同士のコミュニケーションとは、[6]論理的・機械的な記号操作よりもっと深くて根源的なものだ。ヒトの言語行動も、つまりはその延長上にある——というわけで、動物から考えていくと、心の謎が少しずつ解けてくるのである。コンピュータは文法規則は覚えるが、言葉の意味はつかめない。そこに「機械の心」の限界がある。

9 ヒトというのは実に不思議な動物だ。論理的な文法を作りだし、ついには「機械の心」をさえ作ろうとするにいたった。もしかしたら、自分や社会を、機械のように論理的に管理[c]トウギョしたいのかもしれない。まさにこれは一種の呪縛。

10 「自分の心が機械だと信じている動物の心」、それが現代人の心なのだ。そうして、私はここに、現代の情報化社会の病理を読み解く一つの手がかりがあると思うのである。

知識を広げる

問一★★ 傍線部a～cのカタカナを漢字に改めよ。

a [ ]　b [ ]　c [ ]

問二★★ 傍線部1「野望」とあるが、「野」という漢字にはいくつかの意味がある。「野」が①～⑤の意味で用いられている熟語を、後のイ～ホの中からそれぞれ一つずつ選び、記号で答えよ。

① 広々とした平らな土地。
② 広がりをもった範囲。
③ 民間。
④ 文化が開けておらず、洗練されていないさま。
⑤ むき出しで、ありのままであるさま。

イ 野望　ロ 在野　ハ 分野　ニ 野原　ホ 野蛮

① [ ]　② [ ]　③ [ ]　④ [ ]　⑤ [ ]

問三★ 空欄[2]・[3]にそれぞれ漢字一字を入れ、四字熟語を完成させよ。

[2]進[3]歩

★問四　傍線部4・5の意味として最も適当なものを、次の各群の中からそれぞれ一つずつ選び、記号で答えよ。

4　そうは問屋がおろさない
イ　そう簡単に許してはもらえない
ロ　そう思いどおりになるものではない
ハ　そんなことは考えられない
ニ　そういうことは禁じられている
ホ　それほど難しいことではない

5　頓挫した
イ　強く批判された
ロ　容易ではなかった
ハ　賛同を得られなかった
ニ　途中でくじけた
ホ　すぐにあきらめた

★★問五　傍線部6「論理的」とあるが、日本語には「理」という漢字を用いた熟語が多くある。次の①〜③の空欄□に入れるのに最も適当な語を、後のイ〜ホの中からそれぞれ一つずつ選び、記号で答えよ。

①　生物たちは自然の□から逃れることができない。
②　他者の気持ちを考えない振る舞いは、□にもとる行為である。
③　世の中には不□なことがたくさんある。

イ　倫理　ロ　論理　ハ　背理　ニ　摂理　ホ　条理

①□　②□　③□

読解を深める

★★
問六　筆者の考えに合致するものを、次の中から一つ選び、記号で答えよ。

イ　動物の心に感情らしきものを見出すことは難しいが、動物とヒトとのコミュニケーションは成立する。
ロ　心をもつロボットを作ろうとすることはヒトへの冒瀆《ぼうとく》であり、そうした野望を認めることはできない。
ハ　ヒトの用いる言語は、規則的な文法が備えているような論理性には必ずしも還元できないものである。
ニ　動物に心があると断定はできないが、初歩的な論理的情報処理能力が備わっているのは事実である。
ホ　ヒトの言語行動を論理的な記号操作の延長上にあるものと捉えることで、ヒトの心の謎は解けてくる。

★★★
問七　波線部「どうやら『温かいハート』といった昔ながらの心のイメージは、だんだん失われつつあるようだ」とあるが、この理由を筆者はどのように説明しているか。本文全体の論旨に即して六十字以内で説明せよ。なお、解答は「情報化社会の到来によって、」という書き出しで始めること。

情報化社会の到来によって、

集中力を高める

集中して勉強に取り組むことができているでしょうか。「集中できない」、「やる気が出ない」「勉強が続かない」という人は、ぜひ集中力を高める工夫をしてみましょう。

まず、良質な睡眠と食事をとることを心がけましょう。そして、勉強に取り組む時間を決めましょう。そのさい、三十分程度の短めの時間に設定するのがコツです。その三十分間は、勉強に没頭してみてください。それがうまくいけば、小休憩をはさんで、さらに三十分、というふうに進めるとよいでしょう。自分に合ったリズムを見つけてください。

うまくいかない場合は、気が散るのはどうしてか、その原因を考えてみましょう。ついインターネットやスマートフォンを見てしまう、という人は、情報機器を使用する時間や場所を決めましょう。机回りを片づけて私物が目に入らないようにする、リビングや図書館など、勉強する場所を変えて気分転換してみる、といった方法も有効です。

それでも「やる気がでない」「勉強が続かない」という人は、いきなり大きな学習計画を立てていないでしょうか。たとえば三十分でできるような小さな計画に分けてみましょう。達成感を味わうと意欲が湧いてきます。集中力が高まります。そうして小さな計画を一つひとつ積み重ねることが、確実に大きな成果を生み出すのです。

Brush Up 2　『イギリスの訓《おし》え』　山本雅男《やまもとまさお》

（→基本編 P70）

1　東京や大阪といった日本の大都市が、世界的に見ても清潔で安全な街であることは誰もが認めている。しかし、そこに生活する人々の顔に、経済大国に見合った豊かさを[a]キョウジュするという、悠揚とした落ち着きは感じられない。また、それら生活関連のユーティリティの充実が、少なくともイギリスでは、すでに一世紀半も前に着手され、今世紀初頭にはほぼ完成していたことを考えれば、日本の近代化が民びとの暮らしを埒外《らちがい》に置いて進められてきたことは明らかだ。いや、ことは国家の問題ばかりでなく、それを許してきたわれわれ個人の問題としても捉え直さなければならないということだろう。

2　ヨーロッパの近代的精神を終始一貫して支え、かつ体現してきたのは個としての人間であった。人間が個として自立することによって、合理主義も、またそれにもとづく科学技術の形成も可能となった。そして、そうした個人を根底で支持していたのが、一神教的な色彩のきわめて濃厚な「[1]理性」であった。理性こそが人間を人間たらしめている所以《ゆえん》であり、絶対に誤りを犯すことのない無謬《むびゅう》性をもつものと考えられたのである。しかし、理性をあまりにも中心に置きすぎたために、かえって窮屈な状況を招来したことも事実である。いわゆる超常現象や心霊現象など科学的に説明できない現象を排除したり、伝統や慣習など非合理な要素の多いものを後景に追いやったりするのは、その一例である。だが、それは明らかに理性の横暴であり、越権である。近代の合理主義、もっと言うなら、近代という時代そのものには大いなる行きすぎがあった。帝国主義や社会主義による国家の膨張も、科学技術の急伸による地球環境の抑圧も、行きすぎの一半をなしている。じつは、同じように個人も行きすぎの[2]憂き目にあっていると思われる節がある。

3　ロンドンは公園の多い街である。数が多いだけではない。それぞれがひじょうに広々としている。公共空間の一人あたりの面積が東京の約十倍という数字もあるくらいなのである。それはともかく、子供たちが公園に遊ぶ様子はどこも同じだが、老人の孤独そうな姿をそちこちに見かけるのは日本と違っている。大きな木製のベンチにぽつんと腰かけ、近づいてくるハトやリスに皺《しわ》くちゃになった紙袋からパン屑《くず》などをやる光景は、ほのぼのとしている反面、どこか寂しげでもある。核家族が当たり前になっているイギリスでは、二世代・三世代が一緒に住むことは稀《まれ》であり、また、老人同士がゲート・ボールなどして打ち興じることもあまり見ない。ヨーロッパにおいて、孤独が哲学的にも、日常倫理的にも真剣でかつ永いあいだのテーマとなってきたのは、けっして故なきことではない。かれらは、子供の頃から、毎日の生活のなかで、それをしっかり受けとめ、嚙《か》みしめているのである。子供や老人といった社会的弱者が家族のなかで手厚く護《まも》られている日本とはわけが違うのである。だがその一方で、公園でときを過ごす老人たちには、おそらく、そうした陰鬱《いんうつ》な想いはないにちがいない。そもそものはじめから、依《よ》るすべを他者に求めていないからだ。そしてなによりも、生きる自由をまず第一に考えているからである。

4 アメリカやヨーロッパをよく知る人々が日本にいて感じる窮屈さ、当地に行って感じる解放感は、そうした個人の自由と関わりがある。それをA同一性のなかの不快、多様性のなかの安らぎと表現してもよい。その意味で、個はまさに多様性のbショウチョウなのである。街の雑踏に出るたび、よくぞ神はX曲をつくし、人の姿・形をかくも多彩に作りしものよと感じ入る。それなのに、一皮むけば、いつまでたっても同質社会と言われ、それに3満更でもない感情をもつのはどうしてなのだろうか。同質であることを強いる、眼に見えず張りめぐらされた網が、不自由さを生み出している。とはいうものの、行きすぎた自律によって人間同士が紐帯《ちゅうたい》を失った個人に、今の日本人が耐えていかれるとも思えない。家族や共同体といった人間の絆《きずな》を維持しつつ個人の自律と自由を拡大するような、Bヨーロッパ近代型のモデルとは異なる、われわれ独自の座標軸を模索する必要があるだろう。

5 イギリスは、かつては大英帝国と言われ、物資が巷《ちまた》に溢《あふ》れた時期があったものの、いまではそれも色褪《あ》せている。だが、人々の堅実で質素な暮らしのなかには豊潤な奥行きの深さが感じられる。それは、多様性に対する許容と自分自身への頑固なまでの自信が暮らしに現れているからだ。豊かな暮らしとは、物の豊富さを物質的な条件としながらも、それだけで事足りるものではない。目先のきらびやかな物の多様さに眼を奪われ、己が自身、個人の内面に眼が注がれないとしたら、いつまでも不思議は解消されないだろう。たしかに日本は後発の成金かもしれない。街には成上がりを擽《くすぐ》る仕掛けが溢れている。だが、もうそろそろ キョショク(c) に惑わされない実質の価値を見出してもよいころ合いだろう。イギリス人の生活は、いまなお、いや今後も当分のあいだ、われわれの手本となるに違いない。

知識を広げる

★★ **問一** 傍線部a～cのカタカナを漢字に改めよ。

a ☐　b ☐　c ☐

★★ **問二** 空欄 X に入る漢字一字を記せ。

☐

★ **問三** 傍線部1「理性」を説明した次の文章の空欄に入る言葉を、ひらがな四字で記せ。

「理性」とは、物事について道理にもとづいて冷静に考えたり判断したりする能力のことをいう。「理性」の「理」という字は、訓読みでは「☐」と読み、ものの道理や筋道のことを意味する。「理性」という語は、論理的に説明できない曖昧《あいまい》なものである「感情」や「本能」などの語と、対照的な意味で用いられるのが普通である。

☐☐☐☐

★問四　傍線部2・3の意味として最も適当なものを、次の各群の中からそれぞれ一つずつ選び、記号で答えよ。

2　憂き目にあっている

イ　うらみを買っている
ロ　利点をもっている
ハ　おそれがある
ニ　不安をかかえている
ホ　つらい経験をしている

3　満更でもない

イ　どこか満たされない
ロ　まったく気にいらない
ハ　いまさらどうということもない
ニ　まったくだめだというわけでもない
ホ　少しも心をうごかされない

読解を深める

★問五　傍線部A「同一性のなかの不快」とあるが、こうした「同一性」のありかたに最も近いものを、次の中から一つ選び、記号で答えよ。

イ　一寸の虫にも五分の魂
ロ　情けは人のためならず
ハ　出る杭《くい》は打たれる
ニ　木に竹をつぐ
ホ　船頭多くして船山にのぼる

★★
問六 傍線部B「ヨーロッパ近代型のモデル」とあるが、こうした社会についての説明として適当なものを、次の中から二つ選び、記号で答えよ。

イ 子供や老人といった社会的弱者が、家族や共同体のなかで手厚く護られてきた。
ロ 理性の重視によってもたらされたのは、必ずしも悪いことばかりではなかった。
ハ 人々は、豊かな暮らしを満喫する一方で、内面では虚無感にさいなまれてきた。
ニ 個としての人間のありかたが社会に浸透し、人々は長らく孤独と向き合ってきた。
ホ 家族や共同体などの人間の結びつきを維持しつつ、個人の自律が求められてきた。

★★
問七 次の段落要約の空欄Ⅰ・Ⅱに入る語句を、それぞれ十五字以内で本文から抜き出して記せ。

1 日本は経済大国になったが、人々に豊かさを味わう落ち着きは感じられない。
2 ヨーロッパ近代の基盤は自立した個人であり、それを支えるのは理性だ。だが、理性を重視するあまり、さまざまな行きすぎが生じた。
3 たとえば、核家族化が進むイギリスでは、公園の老人は寂しげである。だがその一方で、老人は他者に依存せず、生きる自由を大切にしている。
4 ヨーロッパでは多様性が認められ、個人の自由が保障されるが、日本では同質性が強いられ、個人は不自由だ。日本人には、人間の絆を維持しつつ（ Ⅰ ）ような、独自の座標軸が必要である。
5 多様性に対する許容と（ Ⅱ ）に支えられたイギリス人の豊かな生活は、日本人の手本となるはずだ。

Ⅰ

Ⅱ

問題集はていねいに取り組もう

問題集に取り組む際、「1週間で全部解いてしまいました」などと言ってくる諸君がいます。おそらく、問題を解いては、答え合わせして点数を確認しただけで、すぐに次の問題に向かう、というやり方で取り組んだのでしょう。

しかし、こうしたやり方では、現代文の実力が身につくはずがありません。勉強して力をつけていくためには、一つの問題にていねいに取り組み、そこからさまざまな知識や知恵を吸収したうえで、そうした知識や知恵を生かしながら、次の問題にていねいに取り組むことが必要なのです。ちょうど、一つ一つの経験、特に失敗した経験の積み重ねを経て、「～してはいけないな」「今度は失敗しないようにしよう」と心がけ、的確な物事への判断力や生きる知恵が見出されていく人生と同じことなのです。

したがって、問題を解いて解答の正誤だけ確認したり、点数ばかりに気を取られるのではなく、問題を解いた後、特にまちがった問題の場合には、解説をよく読んで、正しい解答の筋道を確認し、自分がまちがった原因を究明して、同じまちがいが生じないよう、頭の中の思考回路を修正することが必要です。何事も「失敗から学ぶ」ことが重要なのです。

Brush Up 3

『マンネリズムのすすめ』 丘沢《おかざわ》静也《しずや》 （→基本編P94）

1 「オオカミは、フッと吹いてプッと吹き、プッと吹いてフッと吹き、フッと吹いてプッと吹きました」。『声の文化と文字の文化』を書いたW・オングは、『三匹の子豚』を読んで聞かせるとき、娘にせがまれてこんなふうに読むことにしていた。テキストに書かれていたのは、「フッと吹いてプッと吹き、フッと吹いてプッと吹き、フッと吹いてプッと吹き」だったのだが。

2 二〇世紀のドイツ語で、おそらくいちばん[a]キビしい詩を書いたパウル・ツェランですら、自作朗読ではテキストから逸脱することがある。「死はドイツ出身のマイスター」を響かせる有名な詩〈死のフーガ〉の場合、テキストで singet und spielt（歌って弾け）となっている箇所を、spielt weiter zum Tanz auf（ダンスの伴奏をつづけろ）と朗読している。私たちは普通、ツェランのような現代詩を「読む」とき、疑問符とピリオドのちがいひとつ見落とさないように、[1]目を皿のようにして文字テキストを追いかける。だが、ツェランの詩の朗読を聞くと、疑問符とピリオドのちがいはイントネーションだけでは区別できないことが多い。

3 ほかの作家の自作朗読でも、テキストと朗読には、たいてい小さな[2]異同がある。たんなるミスなのか、意図的な変更なのか。それはわからないが、「オリジナル」とは、その程度の曖昧《あいまい》さを[b]キョヨウするものなのかもしれない。さっき私はテキストからの逸脱と書いたが、そもそも[A]そういう発想のほうが逸脱しているのかもしれない。

4 本に書かれているテキストでも、読み聞かせるときに変更される。口伝えの話となると、なおさらだ。受けを狙《ねら》って、語り手は聞き手の顔色を見ながら、話の内容をおもしろおかしく調整していく。伝言ゲームがいい例だが、意図しない場合でも「もとの」話からずれていく。いったいメールヘンのような口伝えの話は、どうやってオリジナルを確定するのだろうか。

5 私たちは「オリジナル」にこだわりすぎているのかもしれない。

6 [B]現代では、文書による契約のほうが、口約束より偉いとされている。相手にたいする信頼が絶対でないとき、私たちは文書をかわして契約する。文書による契約は、相手を信頼していないという[c]ショウコだ。人間は神に誓うとき、文字を介さず、声を出して誓う。信頼関係がしっかりしていれば、口約束で十分なはずだ。といって私は、信頼関係の希薄化や喪失を[d]ナゲいているわけではない。人間は信用のできない動物であるし、記憶力も当てにならない。社会もサイズが大きく、複雑になっている。だから文書による契約は不可欠だ。

7 私たちがオリジナルにこだわるのは、文字と深く関係するのではないだろうか。

8 文字を書く文化がはじまったのは、E・A・ハヴロックの『プラトン序説』によると、紀元前四世紀のプラトンの時代。文字を手で書くという技術のおかげで、コンテキストに縛られない抽象的な概念（たとえば「正義」）が生まれ、イデアといった抽象的な思考が可能になってくる。

9 文字のテキストは、声とはちがって視覚的で、いわば冷凍食品のようにコチコチだが、声よりも長持ちする。遠くの読者に届けたり、コピーして多くの読者に配達することもできる。誤配の可能性もあるが。テキストは、生み出されたコンテキストとは別の、生きたコンテキストのなかで解凍され、場合によってはちがった味に調理されて、食べられるのである。

10 印刷機の発明で、文字テキストが流通するようになると、テキストがテキストとして存在しつづけるためには、いくつかの目印が必要となる。誰が書いたのか（著作権）。ほかのテキストとの違い（独自性）や新しさ（創造性）。それらを目印にしてテキストを扱っているうちに、それらが偉いものに思えてくる。なくてはならないものだと勘違いされるようになる。

11 だが、著作権とか独自性とか創造性は、テキストという土俵にこだわっているから、気になるだけの事柄なのかもしれない。私たちは言葉を使うときに、どの言葉にも毎回、「広辞苑によれば」などとバカバカしい引用指示をつけるだろうか。

12 [C]テキスト至上主義からちょっと距離をとれば、個性とかオリジナリティは些細《ささい》なことに思えてくる。森のなかでは、村人たちが歩いているうちに、踏みしめられて自然に小道ができる。用を足すために、あまり遠回りにならないルートで、大きな木のあるところや、枝が大きく張り出したり、地面に根の背中が露出しているところは迂回《うかい》し、草に足を取られない歩きやすいところを、くり返し歩いているうちに、自然に道ができる。最初に誰が歩いたのか、道の曲がり方が独自のものであるか、などは問題にならない。

知識を広げる

問一 ★ 傍線部a〜dのカタカナを漢字に改めよ。

a □　b □　c □　d □

問二 ★★ 傍線部1「目を皿のようにして」とは、〈目を大きく見開いてしっかり見る〉と言う意味の慣用表現であるが、「目」を含む慣用表現の意味として適当でないものを、次の中から一つ選び、記号で答えよ。

イ　目から鱗《うろこ》が落ちる ＝ 急に物事の真実や道筋がわかるようになること
ロ　目から鼻へ抜ける ＝ 優れていて賢いこと
ハ　目に角《かど》を立てる ＝ 怒って鋭い目つきになること
ニ　目を白黒させる ＝ 思いがけないことに戸惑うこと
ホ　目を光らせる ＝ 喜びに満ち溢《あふ》れていること

□

問三 ★ 傍線部2「異同」のように、対立する意味をもつ二字の熟語に該当しないものを、次の中から一つ選び、記号で答えよ。

イ　緩急　ロ　硬軟　ハ　善悪　ニ　哀惜　ホ　優劣

□

読解を深める

★★
問四　傍線部A「そういう発想のほうが逸脱している」とはどのようなことを言っているのか。その説明として最も適当なものを、次の中から一つ選び、記号で答えよ。

イ　テキストそのままの朗読を期待するのは、創作に関する勝手な思い込みかもしれないということ。
ロ　自作を朗読する際に平気でテキストと異なる表現をする詩人は、詩人の誇りを失っているということ。
ハ　テキストとは異なる表現で朗読するのは、作品の完成度にこだわらない安易な姿勢だということ。
ニ　文字テキストとその朗読とは作品として同じ価値があるので、優劣を検討するのは間違いだということ。
ホ　テキストが朗読される際になされる変更は意図的か否かにこだわったが、それは無意味だということ。

［　　］

★★★
問五　傍線部Bとあるが、「現代では、文書による契約」が求められる理由を筆者はどのように捉えているか。以下の文章において、ⅠとⅡに、本文中の語句を用いた二十字以内の表現を入れて、その説明を完成させよ。

［　Ⅰ　］時代に、［　Ⅱ　］人と人との間で、絶対的な信頼関係は築けないから。

Ⅰ［　　　　　　　　　　（20字）］

Ⅱ［　　　　　　　　　　（20字）］

問六 ★★★★ 傍線部Cとあるが、「テキスト至上主義から」「距離」をとるとは、テキストについてどのように考えることか。本文の内容をふまえて百字以内で説明せよ。

問七 ★★ 本文の内容に合致するものを、次の中から一つ選び、記号で答えよ。

イ　詩人の自作朗読を聞くときは、朗読のイントネーションに注意しながらテキストとの異同を確かめるべきだ。

ロ　口伝えの話は、様々な語り手や聞き手を通じて変わっていくのであり、オリジナルにこだわる必要はない。

ハ　文字を書く文化が始まってから、人は抽象的な概念や思考を駆使し、多様な現実を豊かに表現するようになった。

ニ　文字で書かれているテキストは、音声とちがい固定的な内容がそのまま伝達されるので、誤読されることはない。

ホ　印刷機の発明により文字テキストが広く流通すると、テキストに備わっている創造性への評価が低下した。

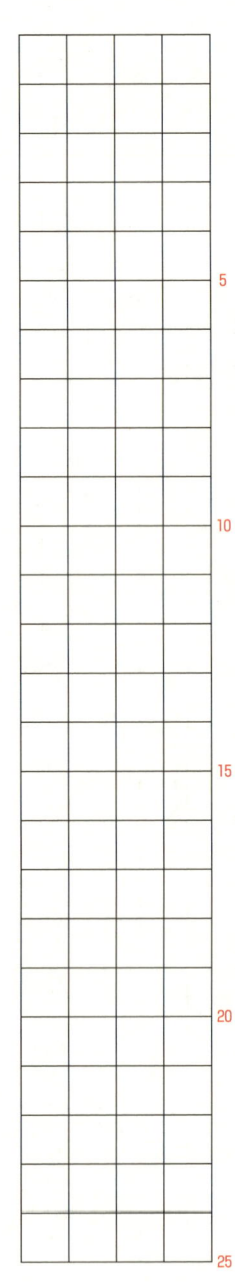

読解力の養成には、「聞き上手になる」ことが大切

文章を読むさいに、難しいと感じる理由はいろいろあります。抽象的で難解な用語や理解しにくい比喩などが多用されている場合。あるいは、論理があまりにも複雑で論旨がたどりにくい場合。けれどもこうした場合は案外少なく、自分ではその理由に気づきにくい難しさがあります。ここでは二つの理由にふれます。

一つは、文章で論じられている事柄について今まで目にしたことも考えたこともない、つまり自分のものの見方や考え方の守備範囲を超えている内容が述べられている場合です。

もう一つは、述べられている事柄そのものは知っているが、筆者の考え方や主張していることが、自分の考え方や判断とは異なるため、知らず知らずのうちに心情的に反発してしまい、文意を正確に（＝冷静に）受け止めることができない場合です。

こうした場合には、ひとまず筆者の考えている土俵に入り、その土俵の範囲内で理解する、つまり、「いままで知らなかったけれど、こういうものの見方や考え方があるんだ」とか「自分とは違うが、こうした価値観も存在するんだ」といった態度で、いったんは筆者の言い分をしっかり読み取ること、いわば「聞き上手になる」ことが必要です。これは、筆者の考えを無条件で受け入れるということとは違います。まず筆者の言い分をしっかり理解する。その後に、自分の考え方や価値観に基づいて評価すればいいのです。

Brush Up 4 『安全学』 村上陽一郎《むらかみよういちろう》 （→基本編P116）

1 かつて、人間の生活と生命の安全を脅《おびや》かすものは「自然」であった。地震、津波、洪水、火山の噴火、台風、あるいは野獣の襲撃など、「自然の脅威」と呼ばれるものが、人間にとって、最大の危険であった。もちろんその前に、十分な食料や雨露を凌《しの》ぐだけの住居の確保、あるいは病気と怪我《けが》への対策などが、より緊急な関心事であったろうが、しかし共同体が、あるいはそこでa育まれた知恵が、そうした対策をある程度引き受けたとしても、「自然の脅威」はどうにもならなかった。この事情はどの文化圏においても、本質的には同じだったと言ってよいだろう。

2 西欧の歴史においても、事情は変わらなかった。とくにキリスト教の支配するヨーロッパにあっては、創造主である神の計画に支配されている自然は、人間の制御や支配の能力を超えたものとして、ある程度以上の自然への人為の介入は忌避《きひ》され、あるいは諦《あきら》められていた。むしろ自然のなかで人為を如何《いか》に生かすか、ということに人々は腐心していたとも考えられる。たとえば、森林のなかに溶け込むように建っている古い修道院や教会の建築などは、そう思わせる趣がある。［　甲　］

3 もちろんユダヤ・キリスト教の伝統のなかには、神がこの世界を創造したのち、その管理を人間に委託したという思想が含まれている。「創世記」第一章の記事は、そのことを語っているし、神学的にも「地の支配」という言葉が残ったことも、それを裏書きしている。かつてアメリカの技術史家リン・ホワイト・ジュニアは、そのことを根拠に、キリスト教こそ、今日の地球環境の危機を招いた元凶《げんきょう》であるという告発をした。「創世記」の言うところを根拠に、ヨーロッパは、自然を人間の自由になるもの、b搾取すべきものとして捉えてきたために、地球的な危機が生じたからだ、と言うのである。

4 この見解に従えば、キリスト教的ヨーロッパには、本来、自然を人間の恣意《しい》のままに制御、支配、搾取する契機が内包されていたことになる。

5 しかし、この言い分は、一七世紀までのヨーロッパの自然に対する姿勢が、一八世紀になって急旋回を遂げたという点を考慮に入れていないという点で、根本的な欠陥があるように、私には思われる。

6 言うまでもなく、一八世紀ヨーロッパの特徴は啓蒙《けいもう》主義[1]である。彼らが攻撃目標に定めたのは、キリスト教そのものだった。人間をキリスト教という迷蒙《めいもう》から解放し、人間理性を至上のものとして位置付け、すべてを、人間理性の支配の下に再編成すること、これが「啓蒙」という考え方の根本であった。そこから「文明」という概念も誕生した。

7 「文明」という概念は、啓蒙主義のイデオロギー[2]に裏付けられたものである。神から自立し、神を棚上《たなあげ》[3]し、人間の悟性のみを頼りに、すべての世界構造を再編成しようとするとき、それを達成していない状態は「非文明」であると定義された。「自然」を「自然」のままに放置しておくことは、「野蛮」なことであって、「文明人」の資格に欠けることになる。

8 ここには、神の被造物としての「自然」への畏敬はすでにない。自然の前の人為の無力さを自覚するような謙虚さもない。あるのは、人間が「主人」であるという意識であり、人間の理性こそがすべてを取り仕切ることができるというゴウマン[c]さである。

9 かくして一八世紀ヨーロッパに興《おこ》った「文明」のイデオロギーは、人為の優越性と、自然のそれに対する従属性という概念を柱に、人間は、自己の欲望を解放し、解放された欲望の充足のために、自然をできる限り支配し、制御し、搾取することを、自らの課題とすることになった。人為によって支配され、制御されていない「自然」は、「野蛮」であり、「未開」であり、「非文明的」であると考えられるに至った。

10 人間が対決すべきは「自然」であり、「自然」の脅威、そこからくる危険を除去し、あるいは軽減するだけでなく、非能率や不経済を積極的にキョウセイ[d]することができる力を人間が備え、かつその力を発揮しなければならない。

11 こうして一九世紀以降、いわゆる「近代化」と同義語になった文明のイデオロギーは、先進国と呼ばれる国々を造り出し、それに追随しようとする「途上国」という概念を造り出し、地球上の人類の相当部分を、その下に支配することになった。

知識を広げる

問一 ★★ 傍線部a・bの漢字をひらがなに、c・dのカタカナを漢字に直せ。

a [　　]　b [　　]　c [　　]　d [　　]

問二 ★★ 傍線部1「啓蒙《けいもう》主義」とあるが、次の文は「啓蒙主義」の意味を説明したものである。文中のxとyの空欄にそれぞれ漢字一字を入れて、説明文を完成させよ。

知性や理性によって、無[x]蒙[y]な人々を啓発し導くべきだという考え方

x [　　]　y [　　]

問三 ★★ 傍線部2「イデオロギー」とあるが、次の①～③の「イデオロギー」の意味として最も適当なものを、後のイ～ホの中からそれぞれ一つずつ選び、記号で答えよ。

①　民主主義　②　全体主義　③　共産主義

イ　民衆が権力を持ち、自由と平等を求めようとする。
ロ　私有財産を否定し、人々の平等を実現しようとする。
ハ　絶対君主が国家全体を統制し、民衆を搾取しようとする。
ニ　個人の自由や権利を無視して、国家や民族を優先しようとする。
ホ　私有財産を認め、自由な競争で経済的利益を得ようとする。

① [　　]　② [　　]　③ [　　]

問四★ 傍線部3「棚上《たなあげ》」は漢字二字を両方とも訓読みで読む熟語だが、次の中から、漢字二字ともに音読みで読める熟語を一つ選び、記号で答えよ。

イ 身内　ロ 胸襟　ハ 潮時　ニ 裏腹　ホ 言霊

読解を深める

問五★★ 甲 に入れるのに最も適当な一文を、次の中から一つ選び、記号で答えよ。

イ こうした自然観が、一八世紀以降もヨーロッパを支配し続ける。
ロ しかし、一八世紀になって「自然」を尊ぶ「文明」が興隆する。
ハ こうした自然観が、一八世紀以降世界を覆《おお》い尽していったのである。
ニ しかし、一八世紀になって、ヨーロッパは俄然《がぜん》大きな転回を経験する。
ホ こうした自然観が、一八世紀の啓蒙思想を導いていったのである。

問六★★ 「キリスト教」の教義について、筆者の見解に合致するものを、次の中から二つ選び、記号で答えよ。

イ 創造主である神の計画に支配されているので、自然に対する過剰な介入を避けるべきだと教えている。
ロ 神が創造した世界の管理を人間に委託したと考え、人間の恣意による自然破壊を正当化するものである。
ハ 創造主である神がもたらした自然の脅威に対して、人間がそれを制御し支配すべきだと教えている。
ニ 神が世界の管理を人間に委託したという教えはなく、神の支配下にある人間に自由がないと教えている。
ホ 神の被造物である自然への畏敬や、自然の前の人為の無力さを自覚する謙虚さをもたらすものである。

問七 ★★★ 次の文章は、本文に示された「キリスト教的自然観」と「啓蒙主義的自然観」の違いについて述べたものである。Ⅰ・Ⅱの空欄に該当する表現を、本文内容に即して記述せよ。Ⅰは十五字以内、Ⅱは三十字以内とする。

キリスト教的自然観においては、神の［Ⅰ］べきだと考えられていた。しかし啓蒙主義的自然観は、その教義を否定し、［Ⅱ］を課題とした。

Ⅰ

Ⅱ

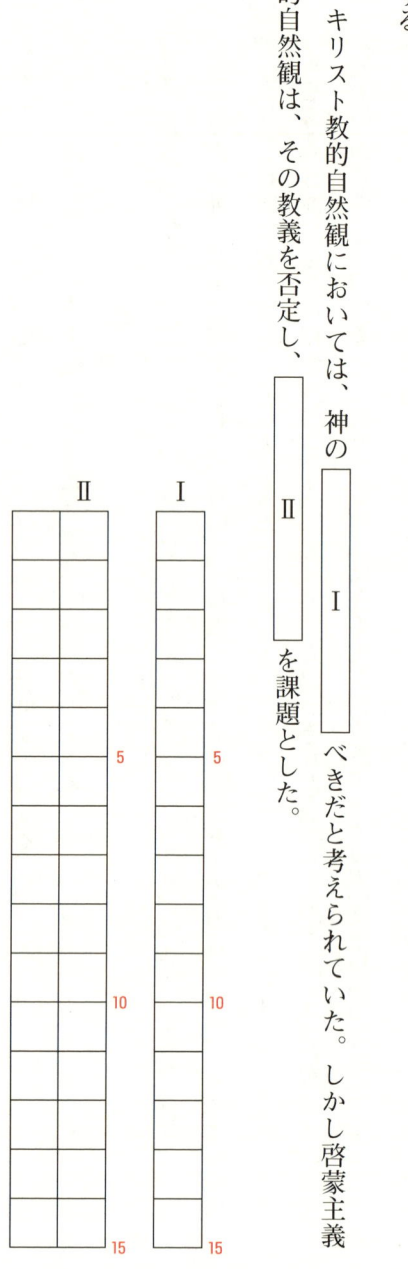

答案は人が読むものだということを忘れずに

記述問題に答えるうえで大切なことは、とにかくわかりやすい解答を作るということです。答案を評価してくれるのは、受験生から見て赤の他人である大学の先生です。受験生はその先生のところに行って「ぼくはこんなつもりでこういう答えにしたんですけど」などと言い訳することはできません。みなさんも、大学生あるいは社会人になったとき、自分の言いたいことを書き言葉によって第三者に伝えなければならないような局面に直面するでしょう。入試現代文の問題を解く練習は、そんなときにどうすべきかということの練習でもあるのです。

こんなふうに考えれば、答案を書く際には他にも注意すべきことがあるとわかるでしょう。たとえば答案の字は、下手でもかまわないから、とにかく読みやすい字にすること。続け字や略字などはいけない。また、字が薄くて読みにくい答案なども、採点者に対してきわめて悪い印象を与えてしまいます。答案を書き、それを採点してもらうということは、個人対個人のコミュニケーションでもある。そうしたことを自覚することも、受験生にとっては大切なことなのです。

『子ども観の近代』 河原和枝《かわはらかずえ》

（→基本編P126）

1 われわれはなぜ、子どもに対して、純粋とか無垢《むく》といったイメージを思い浮かべるのだろうか。現実の子どもたちは、学校や塾での友だち関係や家庭環境のなかで、大人と同じように悩み、そして[1]狡猾《こうかつ》に立ち回ったり、ときには思わぬ世知《せち》を[a]ハッキしたりもする。自分の子ども時代をふりかえっても、ただ無垢な存在であったとはとうてい思えない。多くの人がそう感じているはずなのに、われわれが子どもを見るとき、心のどこかで子どもは純真無垢であるという観念が働いてしまい、それはなかなか拭《ぬぐ》いきれない。子どもを大人とは違った特別な存在と見るこのような観念は、いったい何に由来するのだろうか。

2 われわれは誰もが、大人になる前に、子ども時代を経験する。同じ人間でありながら、年齢によって、人は大人と子どもに区別され、社会生活の多くの局面において異なった扱いを受ける。今日のわれわれの社会では、幼児期、子ども期、思春期、青年期、中年期、老年期などさまざまなライフステージの区分があり、人はそれぞれの年齢段階にふさわしい行動をとるよう社会から期待されている。それぞれの段階に、法律や制度や慣習による年齢規範や文化規範が存在する。多くの社会学者が、指摘してきたように、年齢は人びとを社会的に区分し[b]ヘンセイするための非常に大きな原理であり、そのために人のアイデンティティを構成する要素として重要な意味をもっている。

3 たとえば、自分の現在について考えるときも、将来を予測するときにも、われわれは[2]自分の年齢とその年齢が持つ社会的な意味あいを考慮にいれずにはいられない。また、見ず知らずの人に会うときでも、相手がどんな世代の人なのかを知っていれば、いくぶんかは予測がつき、心の準備をすることができる。つまり年齢とは、生物学的な加齢――身体が成長、発達し、やがて衰えるというプロセス――の一時点をたんに示すものではなく、加齢のプロセスに対して社会が付与するイメージと深く関わる概念なのである。そしてそのイメージには、それぞれの社会の文化や歴史、政治や経済等におけるさまざまな要素が複雑に織り込まれている。〈大人〉と〈子ども〉の二分法は、そのようにして社会が年齢を基準に構成メンバーを分ける際のもっとも基本的な区分なのである。

4 〈大人〉は一人前の社会人としてさまざまな権利や義務をもつが、〈子ども〉はそうではない。〈子ども〉は[3]未熟であり、大人によって社会の荒波から庇護《ひご》され、発達に応じてそれにふさわしい教育を受けるべきである。そうした子ども観は、われわれにとってほとんど自明のものである。しかし、われわれの子ども観がどこでも通用するわけではない。社会が異なれば、さまざまに異なった子ども観があり、それによって子どもたち自身の経験も異なってくる。

5 たとえば、ナバホ・インディアンは子どもを自立したものとして考え、部族の行事のすべてに子どもたちを参加させる。子どもは、庇護されるべきものとも、重要な責任能力がないものともみなされない。子どもの言葉は大人の意見と同様に[c]ソンチョウされ、交渉ごとで大人が子どもの代弁をすることもない。子どもが歩き出すようになっても、親が危険なものを先回りして取りのぞくようなことはせず、子ども自身が失敗から学ぶことを期待する。

6 今日のわれわれの子ども観、つまり〈子ども〉期をある年齢幅で区切り、[A]特別な愛情と教育の対象として子どもをとらえる見方は、フランスの歴史家、フィリップ・アリエスによれば、主として近代の西欧社会で形成されたものである。ヨーロッパでも中世においては、子どもは大人と較べて身体は小さく能力は劣るものの、いわば「小さな大人」とみなされ、ことさらに大人と違いがあるとは考えられていなかった。子どもは「子ども扱い」されることなく[d]ホウコウや見習い修業に出、日常のあらゆる場で大人に混《ま》じって大人と同じように働き、遊び、暮らしていた。子どもがしだいに無知で無垢な存在とみなされて大人と明確に区別され、学校や家庭に隔離されるようになっていったのは、十七世紀から十八世紀にかけてのことである。アリエスはこのプロセスを、『〈子供〉の誕生』のなかで、子どもの服装、遊び、教会での祈りの言葉や学校のありさまなどを丹念に記述することによって浮き彫りにしている。

7 西欧では〈子ども〉は、社会の近代化のプロセスにおいて、近代家族と学校の長期的な発展のなかから徐々に生み出されていった。一方、日本では、明治政府による急激な近代化政策のなかで、近代西欧の子ども観の影響を受けながらも、西欧とはやや異なったプロセスで〈子ども〉の誕生をみることになった。

8 明治維新まで、子どもは子どもとして大人から区別される以前に、封建社会の一員としてまず武士の子どもであり、町人の子どもであり、あるいは農民の子どもであった。さらに男女の別があり、同じ家族に生まれても男児と女児ではまったく違った扱いを受けた。たとえば武家の跡取《あとと》りの子どもは、いつ父親が死んでも家格相応の役人として一人前に勤め、禄《ろく》を得ることができるよう、早くから厳しい教育が(e)ホドコされたし、農民の子どもも幼いころから親の仕事を手伝い、村の子ども集団に参加して共同体の一員としての役割を担った。子どもたちは封建的区分のなかで、所属する階層や男女の別に応じて、それにふさわしい大人となるようにしつけられた。

9 明治五（一八七二）年の学制の公布は、そのようにそれぞれ異質な世界にあった子どもたちを学校という均質な空間に一挙に掬《すく》いとり、「児童」という年齢(4)カテゴリーに一括した。その意味で、わが国において〈子ども〉はまず、建設されるべき近代国家を担う国民の育成をめざして、義務教育の対象として、制度的に生み出されたということができよう。

知識を広げる

★問一 傍線部a～eのカタカナを漢字に改めよ。

a [　　]　b [　　]　c [　　]　d [　　]　e [　　]

★★問二 傍線部1「狡猾」と最も対照的な意味を持つ語を、次の中から一つ選び、記号で答えよ。

イ 愚直　ロ 賢明　ハ 純粋　ニ 不器用　ホ 天衣無縫

[　　]

問三 傍線部2「自分の年齢とその年齢が持つ社会的な意味あい」とあるが、特定の年齢と社会的な呼称の組み合わせとして適当ではないものを、次の中から一つ選び、記号で答えよ。

イ　而立《じりつ》＝三十歳　　ロ　不惑《ふわく》＝四十歳　　ハ　古希《こき》＝五十歳　　ニ　還暦《かんれき》＝六十歳
ホ　米寿《べいじゅ》＝八十八歳

問四 傍線部3「未熟」とあるが、「未」と組み合わさって熟語を作ることのないものを、次の中から一つ選び、記号で答えよ。

イ　知　　ロ　完　　ハ　見　　ニ　情　　ホ　詳

問五 傍線部4「カテゴリー」の言い換えとして最も適当なものを、次の中から一つ選び、記号で答えよ。

イ　基準　　ロ　区別　　ハ　段階　　ニ　制度　　ホ　範疇

読解を深める

問六 ★★★★ 傍線部A「特別な愛情と教育の対象として子どもをとらえる見方」とあるが、「今日のわれわれ」が「子ども」を「特別な愛情と教育の対象」とするのはなぜか、六十字以内で説明せよ。

問七 ★★ 本文の内容に合致するものを、次の中から一つ選び、記号で答えよ。

イ　今日の大人は、狡猾で世知に長《た》けた現在の子どもを見るにつけ、かつて子どもが純真無垢でいられた時代を懐かしんでいる。

ロ　われわれは誰もが、年齢に応じて社会や文化から求められている規範に従うことに抑圧と虚《むな》しさを感じている。

ハ　中世の西欧社会では、子どもは「小さな大人」であり、身体は小さくとも能力は大人に劣らないとされていた。

ニ　自由で平等な近代社会となった西欧では、学校制度を通じて近代国家にふさわしい均質な国民意識を抱かせるのに成功した。

ホ　明治政府は、出自とは無関係にすべての子どもを義務教育の対象として近代的な学校制度に組み込んでいった。

問八 ★★★ 次の文章は、日本における子どもの教育の変化について説明したものである。空欄Ⅰ・Ⅱには十五字以内、Ⅲには三十字以内の、本文中の語句を用いた表現を入れて、説明を完成させよ。

封建社会では、［ Ⅰ ］教育された。しかし、明治以降は、［ Ⅱ ］近代西欧の影響を受けながらも、政府により、［ Ⅲ ］教育された。

Ⅰ

Ⅱ

Ⅲ

Brush Up 6 『仮説の文学』安部《あべ》公房《こうぼう》

（↓基本編P138）

1 科学の世界は、いうまでもなく、すみからすみまでが合理的なものであり、わずかでも神秘的なものや異常なものなど、はいりこむ余地はない。科学は、あきらかに、妖怪変化《へんげ》の敵であり対立物なのである。そして、この論法からいけば、空想科学小説は、怪談のたぐいとは、はっきり区別されなければならないことになる。

2 だが、科学を、異常や非合理と、それほど機械的に対立させてしまって、いいものだろうか。科学の世界を、なんのナゾも陰影もない、単なる数のサバクのように考える考え方は、科学と魔術との区別ができなかった、中世的思考の裏返しにしかすぎないのではあるまいか。中世の科学観は、地獄の炎にも似た、暗いドロドロした奇怪さでいろどられていた。そして一方、現代の科学観は、あまりにも無味乾燥な、灰色の虚無にいろどられているというにすぎないのだ。いずれにしても、現実に科学がはたしている役割とは、おおよそ無縁なものだといわなければなるまい。

3 科学は、異常な世界に対する挑戦ではあっても、絶縁ではない。挑戦は、敵のふところにもぐりこまなければ、成り立たないが、絶縁は、敵から顔をそむけて、ドアを閉めてしまえば、それですむ。実際に、科学と対立しているのは、異常世界などではなく、むしろ、異常との対決をこばみ、無視し去ろうとする、日常の保守的生活感情なのではあるまいか。

4 日常性の秩序にたいする信仰は、異常性を二重の意味で、拒否し敵視する。一つには、それが[1]絵そら事であり、[2]不真面目であるという点で、いま一つは、より積極的に、日常の破壊者であるという理由によってである。そして日常性は、単に守られるべきだけでなく、神聖なものであり、モラルを支える土台石だというわけだろう。そしてこの異常性に対する攻撃は、しばしばそっくり、科学精神にも向けられたことを忘れてはならない。秩序の名において、魔女も科学者も、同じ炎で焼き殺されてきたのだ。日常という神話からみれば、秩序の破壊者という点で、ブルーノー(注)もサド(注)も、変りがなかったのである。

5 たしかに、日常という座標をとおしてみると、本来は対立物であるはずの[A]科学と妖怪の世界が、機能においては意外に共通性をもっていることに気づくのだ。どうやら、日常世界というやつは、科学の世界よりは異常に近く、妖怪の世界よりは正常に近いという、はなはだヌエ(注)的な存在で、そうしたヌエ的秩序ではもはや包みきれなくなった、現実のエネルギーが、本能的にあらわれた場合、それが妖怪の世界になり、知的にあらわれた場合に、科学の世界になるのではあるまいか。この一見矛盾しあった、二つの世界は、互いに打ち消し合う関係にあるというよりは、むしろ[3]弁証法的に支え合いながら、日常の破壊者の役割をはたしているらしいのだ。

6 こう考えて来てみると、[B]空想科学小説もまた、怪談との相違点よりは共通性のほうが目立っても一向に差しつかえないことになる。最近の空想科学小説の傾向について、ある文芸評論家は、それがあまりにも疑似《ぎじ》科学的であり、怪談的であると非難していたが、私は一向に、それが否定の理由になるとは考えない。私のイメージの中にある、空想科学小説は、べつに科学技術の発達にともなって生れた、通俗科学啓発小説のたぐいなどではなく、むしろギリシャの古典文学、たとえばルキアノスの『本当の話』などから、すでに脈々としてつづいている、仮説の文学伝統、『ガリヴァー旅行記』『ドン・キホーテ』『西遊記』等々と枚挙にいとまもない、大きな文学の流れの、一つのあらわれにほかならないのだ。仮説を設定することによって、日常のもつ安定の仮面をはぎとり、現実をあたらしい照明でてらし出す反逆と挑戦の文学伝統の、今日的表現にほかならないのである。

7 見方によれば、この仮説の文学の伝統は、[4]自然主義文学などよりは、はるかに大きな文学の本流であり、根源的なものであり、空想科学小説の興隆も（そういう現象があると仮定して）単なる風俗的現象以上の、なにか本質的な意味をもっているのではあるまいか。それは、人間の宇宙飛行の反映というよりも、むしろ崩壊しつつある、この日常の秩序の反映であるように思われてならないのだが。

（注）○ブルーノ……一六世紀イタリア・ルネサンスの哲学者。
○サド……一八世紀のフランスの作家。
○ヌエ……鵺。伝説上の怪獣。頭は猿、手足は虎、体は狸、尾は蛇、声はトラツグミに似ているとされる。転じて、正体のはっきりしないもののこと。

知識を広げる

問一 ★ 傍線部1の「絵そら事」に最も近い意味の四字熟語を、次の中から一つ選び、記号で答えよ。

イ 支離滅裂　ロ 言語道断　ハ 前代未聞　ニ 荒唐無稽　ホ 抱腹絶倒

問二 ★ 傍線部2「不真面目」とあるが、次の中から、冒頭に「不」がつかない語をすべて選び、記号で答えよ。

イ 謹慎　ロ 存在　ハ 得手　ニ 案内　ホ 暴力　ヘ 公開

問三 ★★ 傍線部3「弁証法」とあるが、それを説明した次の文の空欄にあてはまる語を本文中から抜き出して記せ。

物事の対立や［　　］を前提に、それを克服・統一していこうとする発展的な考え方。

問四 ★ 傍線部4「自然主義」の作家を、次の中から一人選び、記号で答えよ。

イ 夏目漱石　ロ 田山花袋　ハ 谷崎潤一郎　ニ 二葉亭四迷　ホ 森鷗外

読解を深める

問五 ★★ 傍線部A「科学と妖怪の世界が、機能においては意外に共通性をもっている」とあるが、「科学と妖怪の世界」についての説明として適当でないものを、次の中から一つ選び、記号で答えよ。

イ 現実には日常的な秩序で包みきれないエネルギーがあり、それが妖怪や科学の世界にあらわれる。

ロ　科学と妖怪の世界は、いずれも不真面目で異常な世界である点で、正常な日常的秩序と対立する。
ハ　合理的な科学と非合理な妖怪の世界は、対立しつつも、支え合いながら日常の破壊者の機能を果たす。
ニ　異常性に挑戦する科学と対立するのは、異常な妖怪の世界ではなく、異常を無視する保守的感情である。
ホ　日常的秩序よりも、科学の世界は正常であり、妖怪の世界は異常だが、両世界には共通する面もある。

問六　傍線部B「空想科学小説」についての筆者の見解に合致するものを、次の中から一つ選び、記号で答えよ。

イ　空想科学小説は、怪談と同じように科学の成果と想像力を結びつけて成立したものである。
ロ　空想科学小説は、疑似科学的である点で、怪談と同じようにとるに足らないものである。
ハ　空想科学小説は、日常の安定に挑戦する自然主義文学として、文学の本流に位置づけられる。
ニ　空想科学小説は、怪談を基盤に、科学技術の発達に伴って生まれた新たな文学である。
ホ　空想科学小説は、仮説の文学伝統に連なるものであり、日常の秩序の崩壊を反映して興隆している。

問七　問五で確認した「妖怪」の世界と「科学」の世界の関係、および問六で確認した「空想科学小説」についての見解を中心に、本文を百字以内で要約せよ。

Brush Up 7 『二十一世紀の資本主義論』岩井克人《いわいかつひと》 （→基本編P150）

1 ケインズが、経済学者としてだけでなく、[1]投機家としても大成功をおさめたことはよく知られている。そのケインズが、じぶんの経済理論のなかで投機活動について論ずるさいにモデルとしたのは、当時イギリスやアメリカにおける発達した株式市場や債券《さいけん》市場である。そして、それは、投機家がたんに生産者から買い消費者に売っているような[a]ボッカ的な市場ではなく、ケインズ自身のような専門的な投機家が多数参加し、短期的な利益をもとめておたがい同士で売り買いをする、言葉の真の意味での「投機的市場」である。

2 それでは、このような市場において、投機家が合理的ならば、いったいどのような行動をとるだろうか？　もちろん、あの「美人コンテスト」で賞金をかせごうとしている読者のように行動するはずである。すなわち、ここで合理的な投機家にとって重要なのは、［ X ］ではない。自分と同じように市場を眺め、自分と同じように合理的に思考するほかの投機家が、将来モノ不足になると予想しているのかモノ余りになると予想しているのかを予想し、[2]それに先駆《が》けて売り買いすることに全知全能を集中することなのである。それはまさに「知力の闘い」である。そして、それぞれの投機家がおたがいの合理性を信じていればいるほど、さらに高段階の予想の予想の予想……の予想をしていく必要がうまれてくることになる。

3 すなわち、多数の専門的な投機家が、たんに生産者と消費者のあいだを仲介するだけでなく、おたがい同士で売り買いをしはじめると、市場はまさにケインズの「美人コンテスト」の場に変貌してしまうのである。そして、そこで成立する価格は、実際のモノの過不足の状態から無限級数的に［甲］する傾向をしめし、究極的には、たんにすべての投機家がそれを市場価格として予想しているからそれが市場価格として成立するというだけになってしまう。それはまさに「予想の無限の連鎖」のみによって支えられてしまうことになる。そのとき、市場価格は実体的な錨《いかり》を失い、ささいなニュースやあやふやな噂などをきっかけに、突然乱高下《らんこうげ》をはじめてしまう可能性をもってしまうのである。

4 ここで強調しておかなければならない。このような市場価格の乱高下は、投機家の非合理性によるのではない。

いや逆に、ここでは、投機家の合理性がなにを市場にもたらすかが[b]テッテイして思考されている。投機家同士が売り買いする市場のなかで、投機家同士がおたがいの行動を何重にも予想しあう結果として、市場の価格が乱高下してしまうのである。個人の合理性の追求が[A]社会全体の非合理性をうみだしてしまうという、社会現象に固有の「合理性の[3]パラドックス」がここにある。そして、実際に市場で価格が乱高下しはじめると、今度は消費や生産といった実体経済が［乙］され、経済全体におおいなる不安定性をもたらすことになってしまうのである。

5 ここに、同じく市場をあつかいながらも、そして同じく人間の[c]リコ性と合理性とを仮定しながらも、アダム・スミスと真っ向から対立する理論が提示されたことになる。それは、たとえ非合理的な慣習や制度がなくても、たとえ恣意的な政府の介入や規制がなくても、市場には本来的に不安定性がつきまとうことを主張する理論である。

知識を広げる

★★
問一 傍線部a〜cのカタカナを漢字に改めよ。

a ［　　］

b ［　　］

c ［　　］

問二★★ 傍線部1「投機家としても大成功をおさめた」とあるが、「一度に巨額の利益を得ること」を意味する四字熟語「□攫□金」の空欄には、それぞれ漢数字が入る。それと同じ漢数字の組み合わせが空欄に入るものを、次の中から一つ選び、記号で答えよ。

□攫《かく》□金

イ 言葉は□朝□夕には身につかない。　ロ 幼なじみが唯□無□の親友だ。

ハ 意見は人それぞれ□差□別である。　ニ 便りを□日□秋の思いで待つ。

問三★ 傍線部2「それに先駆けて売り買いする」とあるが、「相手が事を行う直前に行動を起こし、相手の計画や気勢を抑えること」を意味する次の表現の空欄に入る漢字一字を、それぞれ記せ。

[x]先を[y]す

x　y

問四★ 傍線部3「パラドックス」の意味に最も近いものを、次の中から一つ選び、記号で答えよ。

イ 毀誉褒貶《きよほうへん》　ロ 自家撞着《じかどうちゃく》　ハ 同工異曲　ニ 牽強付会《けんきょうふかい》　ホ 支離滅裂

読解を深める

問五★★ 空欄[X]に入る語句として最も適当なものを、次の中から一つ選び、記号で答えよ。

イ 合理的に思考するほかの投機家がモノの過不足をどう予想するか

ロ　ほかの投機家の行動を予想して自分がどう行動するか
ハ　将来モノ不足になるかモノ余りになるかを自分がどう予想するか
ニ　合理的に思考するほかの投機家の予想を自分がどう予想するか
ホ　将来モノ不足になるかモノ余りになるかをほかの投機家がどう予想するか

問六　空欄［甲］・［乙］に入る語として最も適当なものを、次の中からそれぞれ一つずつ選び、記号で答えよ。
イ　齟齬《そご》　ロ　牽引《けんいん》　ハ　攪乱《かくらん》　ニ　席巻《せっけん》　ホ　乖離《かいり》

甲［　］　乙［　］

問七　傍線部A「社会全体の非合理性」とは、ここではどのような事態を指しているのか。八字で本文から抜き出して記せ。

［　　　　　　　　］

問八　次の文の空欄Ⅰ・Ⅱに、本文の表現を用いたそれぞれ四十字以内の言葉を補い、本文の要約を完成させよ。

ケインズは、Ⅰ［　　］結果、かえってⅡ［　　］というパラドックスが、市場にあることを示した。

Brush Up 8

『子規からの手紙』 如月小春《きさらぎこはる》 (→基本編P160)

次の文章は夏目漱石と正岡子規をモデルにして書かれたものである。

ソーセキが渡英した年、一九〇〇年にはパリで万国博覧会が開催されている。そこには世界各国の物資が陳列されていた。それらを照らし出すのは当時のテクノロジーの最先端をいく夜間照明。世界をヨーロッパを中心に序列化し、[1]俯瞰する為の装置としてのエッフェル塔。ソーセキもロンドン到着前に訪れたパリでエッフェル塔にのぼっている。

「今日ハ博覧会ヲ見物致《いたし》候《そうろう》ガ、大仕掛ニテ何ガ何ヤラ一向方角サヘ分リ兼《かね》候。名高キ『エフエル』塔ノ上ニ登リテ四方ヲ見渡シ申《もうし》候。是《これ》ハ三百メートルノ高サニテ、(注)人間ヲ箱ニ入レテ鋼条ニテツルシ上ゲ、ツルシ下ス仕掛ケニ候。博覧会ハ十日ヤ十五日見テモ大勢《たいせい》ヲ知ルガ積《せき》ノ山カト存《ぞん》ジ候。」

エッフェル塔の上から見れば、日本は、序列化された世界の端に位置するばかりの、見映えのしない小国である。ソーセキはこうして、ヨーロッパから「見られる」存在としての日本を、エッフェル塔の上から「見る」ことになる。日本の「発見」はソーセキの眼差しを複雑に屈折させる。近代化を夢見、ヨーロッパを目指す日本からの眼差しと、そのような日本を見下し、他のアジア諸国と共に序列の端に並べる西欧の強大な帝国主義の眼差し。見る者であると同時に見られる者ともなったソーセキの中で、自意識の混乱が始まる。資本主義のもたらす一大スペクタクルとしてのパリやロンドン。その都市的喧噪《けんそう》の只《ただ》中で、ソーセキは必死に自分の名を繰り返すのだ。「My name is (注)KINNOSUKE NATSUME. I came from JAPAN.」

そう繰り返しながらソーセキは二十世紀最初の年のロンドンを歩く。そして、「発見」する。「往来ニテ向フカラ背ノ低キ妙《みょう》ナキタナキ奴ガ来タト思ヘバ我姿ノ鏡ニウツリシナリ。我々ノ黄(注)ナルハ当地ニ来テ始メテ成程《なるほど》ト合《が》点《てん》スルナリ。」

姿見の中にそれを見るソーセキ。彼の二十世紀はこうして、鏡の中で始まったのだ。

一九〇一年、即ち明治三十四年頃には、シキの病状は進んでいる。部屋の中を這って移動することもかなわない。病牀《びょうしょう》のシキと、枕元の青年との対話。寝たきりになってしまってもシキの旺盛な知識欲は広がり続ける世界を渇望し、新しい出来事について、矢継ぎ早やに質問を繰り返す。『病牀六尺』明治三十五年五月二十六日の記述。その中でシキは、見てみたいと思う物をあげている。

「一、活動写真
一、自転車の競争及び曲乗
一、動物園の獅子《しし》及び駝鳥《だちょう》
一、浅草水族館
一、自動電話及び紅色郵便箱
一、ビヤホール
一、女剣舞及び洋式演劇
一、蝦茶袴《えびちゃばかま》の運動会」

ここには、変わりつつあった東京を、博覧会的に俯瞰する眼差しがある。電話や郵便のシステムの登場、エンタテインメントの質的 a ヘンボウ。欧米を規範として行なわれた新しい都市創造への試みの数々だ。中でも第一番にあげられた「活動写真」が、シキの「見ること」への強い欲望を示している。活動写真の登場は単に新種の娯楽として以上の意味を持っていたのだ。それは一般の人々にとって、今までにはなかった視覚体験を日常的に手に入れることであった。

活動写真の前段ともいえる新しい視覚装置に、パノラマがある。映画が庶民の娯楽となる前の一時的に花開いた見世物であるパノラマは、浅草をはじめとして、各都市の盛り場に相継いで出現し、人気を博した。――その仕掛け。

巨大な円型ドームの内側に三六〇度描かれた絵画を、中央の観覧台から眺めるのだが、近景に置き物、遠景にペンキ絵を配して照明をあて、効果音を流すと、見物人はあたかも風景の中に自分が入り込んだかのような錯覚におちいる。このような光を利用したスペクタクルはそれまでになく、パノラマは、明治の人々がはじめて出会った文明の見世物となった。内容には戦闘場面が選ばれることが多く、特に明治二十九年以降は日清戦争を題材としたものが用いられている。近代日本の、海外へ向けて拡大しようとする国家的欲望を具体化したのが日清戦争であったとするならば、その情景を[b]リンジョウカンいっぱいに描き出したパノラマは、庶民の眼差しを世界に向けて解き放ってゆく[2]メディアとして機能したといえるだろう。「見られる側」としてでなく、「見る側」に立つ為のスローガンが「[3]脱亜入欧」であり、日清戦争の勝利によって日本は、その未来を安易に[c]ラッカンしたのである。変わること、変わり続けることで西欧に近づき、仲間に入り、アジアを侵略することで資本主義社会としての成功を手に入れること。ただ真直ぐにそのような未来に向かうことの危険とジレンマを予想だにしない、明るく、健康的な眼差し。

シキは病床に釘づけにされたまま、日清戦争の勝利に湧く日本にいた。そんな彼に残されていたのは、近代化を生きる人々の、外側へと広がる欲望を共有し、新しい知覚体験を、言語化することだけだった。そしてソーセキは、シキをはじめとする日本から発せられた眼差しの先端部にいた。シキとソーセキは、一本の視線の両端にいて、共に新しい世界を見つめていたのだ。だが[A]二人の見たものはあまりにも違っていた。

（注）○人間ヲ箱ニ入レテ鋼条ニテツルシ上ゲ、ツルシ下ス仕掛ケ……エレベーターのこと。
○KINNOSUKE NATSUME……夏目漱石の本名（夏目金之助）。
○黄ナル……黄色人種であること。

知識を広げる

問一 傍線部a～cのカタカナを漢字に改めよ。

a

b

c

問二 傍線部1「俯瞰」と同じ意味の言葉を、次の中から一つ選び、記号で答えよ。

イ 鳥瞰　ロ 丁瞰　ハ 調瞰　ニ 朝瞰　ホ 長瞰

問三 傍線部2「メディア」とあるが、この言葉についての説明として誤っているものを、次の中から一つ選び、記号で答えよ。

イ もともとは、媒介とか媒体物とかいった意味である。
ロ 情報の伝達はもちろん、記録、保管などに用いられる物や装置のことを指す。
ハ 特定の文化の体系のなかで通じる約束事という意味がある。
ニ マス・メディアのことを指す場合が多いが、携帯電話などの個人的な通信手段のことも指す。
ホ 「言語も文字も音声信号もメディアである」といった言い方も可能である。

問四 傍線部3「脱亜入欧」は日本で近代化のためのスローガンとして用いられた言葉だが、次の中で、明治期の日本における近代化のためのスローガンとしてふさわしくないものを一つ選び、記号で答えよ。

イ 和魂洋才　ロ 温故知新　ハ 富国強兵　ニ 殖産興業

★★
問五　夏目漱石の作品を、次の中から二つ選び、記号で答えよ。

イ　浮雲　　ロ　三四郎　　ハ　高瀬舟　　ニ　蒲団　　ホ　夜明け前　　ヘ　明暗

★★★
問六　正岡子規についての説明として正しくないものを、次の中から一つ選び、記号で答えよ。

イ　明治二十～三十年代にかけて、短歌や俳句の革新運動を行った。

ロ　短歌や俳句を作るにあたっては、「写生」という理念を提唱した。

ハ　短歌や俳句だけでなく新体詩の分野でも活躍し、『若菜集』などの詩集を発表した。

ニ　俳句雑誌「ホトトギス」を創刊したが、この雑誌には漱石の初期の作品も掲載された。

ホ　病のなかで『病牀《びょうしょう》六尺』『仰臥《ぎょうが》漫録《まんろく》』などを書き、三十四歳で他界した。

読解を深める

★★
問七　本文の内容に合致するものを、次の中から一つ選び、記号で答えよ。

イ　明治期の日本で流行したパノラマには、日清戦争などの情景を描き出すことによって、日本が危険な方向へと向かおうとしていることを暗示するという役割があった。

ロ　世界全体を俯瞰しようとする博覧会の眼差しと、東京のさまざまな風物をただ片っ端から見ようとするシキの眼差しとは、きわめて対照的なものだといえる。

ハ　西欧に赴いたソーセキは自意識を混乱させ必死で自分の名を繰り返すことになったが、その原因は、彼が見る者ではなく見られる者になってしまったからである。

ニ　日本を離れられなかったシキの眼差しには明るく健康的なところがあったが、実際に西欧に身を置いたソーセキのそれには屈折したところがあった。

ホ　西欧を基準にすれば日本はただ見られるだけの小国にすぎないが、逆に日本を基準にすれば、西欧も見られるだけの矮小《わいしょう》な存在に成り下がってしまう。

問八 ★★★　傍線部A「二人の見たものはあまりにも違っていた」とあるが、シキは何を得ようとし、ソーセキは何を発見したのか。本文に即して百字以内で説明せよ。

Follow Up

『入試現代文へのアクセス基本編』には収録されていない、**新しいオリジナル問題**4題です。

●〈フォローアップ〉の取り組み方

1 本文を読んで内容を確認し、設問を解く。

まずは解説に頼らず、自分の力で問題を解いてみましょう。時間のことはあまり気にせず、じっくりと問題に取り組むことが大切です。一通り本文を読んでも内容がよくわからないという場合は、**〔本文の解説〕**を読んでみましょう。

2 〔本文の解説〕を読み、自分の読みをチェックする。

本文がしっかり読めていたかどうかを確認しましょう。

3 本書の〔設問の解説〕を読みながら、解答をチェックする。

これ以降はブラッシュアップへの取り組み方と同じです。**「読解を深める」**では、正解か不正解かという結果だけを見るのではなく、解答に至る筋道が正しかったかを確認。また**「知識を広げる」**では、派生的な知識などについての解説もしっかり読んでおきましょう。

4 しばらく時間をおいてから、復習する。

とくに**「知識を広げる」**では、最初に解いたときに正解できなかった問題をチェックするなどして、それが自分の知識として身につくようになるまで、何度も繰り返し確認しましょう。

（設問の★印は、Brush Up と同様、難易を表しています）

Follow Up 1

『身体の復権』 高階《たかしな》秀爾《しゅうじ》

1 いささか乱暴に単純化して言えば、ギリシャ人たちは人間の身体を各部分とその機能に分けて、その総和が人間全体であると考えた。例えば眼は見るし、耳は聞く。その他五感のそれぞれの働きを通して得た知覚を合わせて、人間は外界を認識するというわけである。このような分析的思考法は、西欧文化全体を貫く基本的なものである。それによって世界は「眼で見る世界」「耳で聴く世界」等に分割される。芸術に関して言うなら、美術や建築を空間芸術、音楽を時間芸術と呼び、あるいは絵画やデッサンを視覚芸術と規定するのがその例である。その結果、絵画は「見る」だけ、音楽は「聴く」だけのものとなってしまった。

2 だが絵画も音楽も、本来は眼あるいは耳だけで受取るものではなく、例えば教会堂のなかで聖なる儀式が行われている時に、aサイダン画が開かれ、オルガンが奏されるという具合に、さまざまの感覚を通じて、いわば身体全体で体験するものである。だが感覚による分割は、芸術という総体を分断し、それぞれのジャンルを孤立化してしまったのである。

3 この傾向をいっそう強めたのが、近代になって登場した絵を見るための美術館、A音楽のためのコンサート・ホールという制度である。それは一般のbキョウジュに芸術鑑賞の機会を増大するという利益を与えたが、それと同時に全体的身体感覚による体験の何ほどかを失わせる結果を招いたであろう。そして写真やレコードによる複製が普及するにつれて、いつでもどこでも［X］な鑑賞が可能となったが、総合的な身体感覚はほぼ失われてしまった。

4 このような状況に対して、身体論を武器として［Y］な批判を早くから展開して来たのが三浦雅士である。『身体の零度』以来、鋭い近代批判を続けて来た三浦は『考える身体』において、こう述べている。

近代になって、意識と身体はcカクゼンと分けられた。同時に、五感とその領域も鋭く分割された。視覚の領域には美術が、聴覚の領域には音楽が配分された。そのいずれにもかかわる舞踊や演劇は、いささか

[Z] な芸術として蔑まれた。

5 これは舞踊芸術復権の主張であるが、同時に、それ以上に人間の全体性復権の訴えである。この告発はきわめて根源的であり、それ故にまったく正当なものである。もちろん、Bここで言われている「近代」が（現在の日本の状況も含めて）「西欧の近代」であることは言うまでもない。

6 というのは、その「近代」の見直しにあたって、かつての日本の芸術体験のあり方が重要な示唆を与えると思われるからである。日本においては、伝統的に五感の分割は存在していなかった。「見る」のは眼だけではなく、「[1]を見る」「湯加減を見る」という言い方が示すように手も「見る」し、「味見」「[2]見」の場合のように、舌も「見る」。同様に「聞く」のも耳だけではなく、香を聞いたり、[3]を聞いたり（きき酒）する。「手触り」は手の働きだが「[4]ざわり」、「[5]ざわり」とも言う。つまり日本人は、感覚器官を区別せずに、総体的な身体感覚として見たり聞いたりしていた。

7 このことは、日本の芸術鑑賞の仕方とも無縁ではない。絵をひとつ見るのでも、機会に応じ、季節にしたがって茶会の席で眺めるというように、それはつねに一種のパフォーマンスであった。その他さまざまの「祭り」、「遊び」（競技）、年中行事などを含めて、芸術の受容においては、全体的な身体感覚がいつも重要視されていたのである。

知識を広げる

★★
問一 傍線部a〜cのカタカナを漢字に改めよ。

a

b

c

問二★ 空欄［1］～［5］に入れるのに最も適当な漢字を、次の中からそれぞれ一つずつ選び、記号で答えよ。ただし、同じものを繰り返し用いてはならない。

イ 目　ロ 毒　ハ 味　ニ 花　ホ 耳　ヘ 脈　ト 夢

1［　］　2［　］　3［　］　4［　］　5［　］

読解を深める

問三★★ 空欄［X］～［Z］に入れるのに最も適当な語を、次の中からそれぞれ一つずつ選び、記号で答えよ。ただし、同じものを繰り返し用いてはならない。

イ 性急　ロ 曖昧　ハ 皮肉　ニ 果敢　ホ 単純　ヘ 自由

X［　］　Y［　］　Z［　］

問四★★ 傍線部A「音楽のためのコンサート・ホール」とあるが、それはどのような空間だと考えられるか。その説明として最も適当なものを、次の中から一つ選び、記号で答えよ。

イ 神聖な雰囲気のなかで音楽が鑑賞できるように整えられた空間。
ロ 音楽を全身で体験できるようにという意図のもとに作られた空間。
ハ 人にさまざまな芸術を鑑賞させる機会を与えるために作られた空間。
ニ 音楽を聴くという行為に人が集中しやすくなるよう設《しつら》えられた空間。
ホ 五感を研ぎ澄ませて音楽に向き合うことを可能にさせてくれるような空間。

［　］

★★★
問五　傍線部B「ここで言われている『近代』」とあるが、そこにあるのはどのような考え方か。その説明として最も適当なものを、次の中から一つ選び、記号で答えよ。

イ　文化や芸術を、人間の感覚に密接にかかわるか否かで区別し、前者に価値を見出そうとする。

ロ　宗教的儀式における全身的体験を否定的に捉え、同様の体験を個々人が芸術において味わうべきだとする。

ハ　人間の身体をそれぞれに異なる機能をもつ各部分の総合と捉え、そうした身体の総合的感覚を重視する。

ニ　人間の意識と身体とを区別し、意識を全体的なものと捉え、身体を部分的なものと捉えようとする。

ホ　物事を各部分に分け、それぞれについて解明していくことで、その物事の真相や全体像が明らかになると考える。

★★★★
問六　筆者が日本の伝統的な芸術体験に意義を見出しているのはどうしてか。本文全体の論旨をふまえて、百二十字以内で説明せよ。

本文の解説

1～3 西欧文化を貫く分析的思考法

まず筆者は、古代ギリシャ以来の西欧文化が、「分析的思考法」に貫かれているということを指摘する。そのため西欧では、人間の五感を一つ一つに分け、それぞれのためにある芸術を作り出すという考え方が一般化した。たとえば視覚のためには絵画があり、聴覚のためには音楽があるといった具合である（1）。

しかし本来は、芸術とは「さまざまの感覚を通じて、いわば身体全体で体験するものである」と筆者は言う。つまり西欧文化は、本来あったはずの「芸術という総体」を「分断」してしまったのだ（2）。

この傾向は、近代になってますます強まった。近代になると、視覚によって絵画を「見る」ためだけに作られた「美術館」や、聴覚によって音楽を「聴く」ためだけに作られた「コンサート・ホール」といった制度が一般化する。こうして、芸術を「全体的」あるいは「総合的」な「身体感覚」によって体験するというあり方は、ほぼ失われてしまったのである（3）。

4～5 西欧近代に対する批判

三浦雅士は、右のような状況を批判した。彼によれば、「舞踊や演劇」は、視覚・聴覚など、複数の感覚に同時にかかわっている。だから、五感を分断し、その一つ一つだけのための芸術というものを発達させてきた西欧近代においては、舞踊や演劇は蔑まれる傾向にある。そうした状況を三浦は批判しているわけだが、それは筆者に言わせれば、「近代」ひいては「現在の日本の状況」に対する「根源的」な批判なのである。

6～7 日本の伝統的な芸術体験の意義

筆者は、そうした「近代」を見直すうえで、「かつての日本の芸術体験のあり方が重要な示唆を与える」のではないかと主張する。なぜならば、日本人は伝統的に、「感覚器官を区別せずに、総体的な身体感覚として見たり聞いたりしていた」からである。たとえば視覚的対象以外についても「…を見る」といった慣用表現を使うのも、そうした日本の伝統的文化の表れだと考えられるのである（6）。最後に筆者は、「全体的な身体感覚」を重要視するという日本文化の特徴は、芸術だけでなく、祭りや遊び、年中行事などにもよく現れているという話題を取り上げている（7）。

まとめ

一読してわかるとおり、本文では、西欧近代の文化と、日本の伝統的な文化とが、対比されている。したがって、**読解へのアクセス②**にあったとおり、**対比関係に注目して本文の内容を整理してみる。**そうすれば、筆者の言いたいこともつかめるはずだ。そして本文中の対比関係は、次ページのようなかたちでまとめることができる。

西欧近代の文化

・分析的思考法にもとづく
・人間の五感それぞれのためだけに作られた芸術というものを発達させてきた
・全体的な身体感覚が失われる

⇔

日本の伝統的な文化

・全体的な身体感覚を重視してきた
・西欧近代の文化を見直すうえで、重要な示唆を与えてくれる

★解答・解説28ページ

Follow Up 2

『日本の天文学』 中山《なかやま》 茂《しげる》

1 「魔術から科学へ」というテーマがしばしば歴史家や人類学者の議論となる。魔術から科学が生まれたかどうかという問題である。

2 私は魔術から直線的に科学が生まれて来たとは考えない。[1]所詮それらは一方は不可思議なものを求め、他方は法則性を求めるという異なった欲求の体系化されたものであって、必ずしも競合するものではなく、同一人の心のなかにも、一つの時代、一つの場所においても共存し得たものである。

3 日食のように、魔術的な天文の扱う対象が科学としての暦学に、だんだん席をゆずってゆく、という歴史上の関係はある。しかしその間に親子関係は存在しない。

4 西洋ではギリシャの頃から法則性志向という奇妙な信仰が幅を利かして、法則に合わない現象は切り棄ててゆく、という奇癖があった。アリストテレス科学では、天は永久不変の法則に従うという強固な信念があり、したがって彗星や新星は地上の空気や火の層のところに起こったつまらない現象だ、というわけであまり注意が払われなかった。ところが中国文化圏では法則性を求める暦学と[2]天変を記録する天文との両者があり、天体現象はどちらかに分類される。戦後、かに星雲から電波が出ていることがわかった。その場所は中国や日本の天文記録で一〇五四年に客星（新星）があらわれたとされている場所らしい。そこで現在では新星のあとから電波が出ているのだ、という定説となった。このような記録は、もちろん近代科学の目的のために観測されたのではなく、中国文化圏に天文という学問伝統が永く続いていたから記録されたのである。

5 たとえていえば、西洋では天体観測や自然現象の整理箱が合法則性という一つの箱しかなく、それに合わないデータが観測の[a]アミにかかっても、気づかれないか、無視されるか、あるいは棄てさられてしまう。ところが中国文化圏には法則性と天変の二つの整理箱があり、日食など新しい観測報告が来た時、それがどうにも法則性で説明できなければ、天変の箱に入れて整理すればよい。実際には、ふつう天文と暦という二つの箱は相反目する二つのグループのそれぞれの[b]ナワ張りのものではなく、太史令《たいしれい》、陰陽頭《おんようのかみ》の下に、[A]一つの役所で双方の箱を管理していた。月の運行がどうも異常で説明できないと思えば、「月、行を失う」として、さっさと天変の箱にそのデータを入れてしまう。金星が月の面上に現われるという今日では考えにくい現象も、天変として記録されている。

6 そこには、西洋におけるような天体は必ず唯一の法則に従わねばならないという強烈な信仰はない。天体現象が法則に従わないのは、法則に不備があるのではなくて、「天行不斉」といって、天が異常で気まぐれに動くのかもしれない、と考える。

7 B予測に合わないのはわれわれが悪いのではない、天が悪いんだ、というのでは科学は成り立たない。しかし、考えてみれば、西洋の唯一法則性というのは単なる一つの信仰にすぎないのであって、絶対正しいという保証があるわけではない。天に自由ありとすれば、天変が起こり得てもよいはずである。ニュートン力学に従わないことがあってもよいはずである。

8 しかし現実の歴史の上では、西洋のこの法則性信仰が有効に機能して、近代科学を産み出した。西洋は、法則性という一つの箱に頑固に固執した。そして、その箱に入らない変則性があまりに多くなると、古い箱を棄てて新しい収容力の大きい箱を求める。これが科学革命である。ニュートンの箱よりもより大きいアインシュタインの箱を求める、ということが絶えず行なわれてきたのである。

9 ところが中国系天文学の場合は、法則性の箱にうまく入らなければ、いくつか他の箱を設けて分類整理すれば、それで事足れりとする態度があった。したがって、唯一絶対的法則を求めて、分析的追求に徹する迫力に欠ける半面、天文の伝統が永く続いて、膨大な天変記録の累積を見た。中国系の学問は、因果律による法則的追求よりも、データの蒐集《しゅうしゅう》と分類という cハクブツ的方法を主とする。そして近代科学のように、どうでも自分たちの法則に従わないものは学問ではないとして排除し dハイセキするという排他性はなく、天文と暦学を共存させ、はたまたアカデミックな経典医学と民間俗信的医療とを共存させ、それぞれ分類して所を得しめる、という包容力があった。

知識を広げる

★ 問一　傍線部a～dのカタカナを漢字に改めよ。

a [ ]　b [ ]　c [ ]　d [ ]

★ 問二　傍線部1「所詮」の意味を次の中から一つ選び、記号で答えよ。

イ　つまるところ　ロ　いいかえるなら　ハ　どうでもいいが
ニ　しかしながら　ホ　それはさておき

[ ]

★★ 問三　傍線部2「天変」とあるが、中国文化圏では「天変」がなぜ起こると考えられていたか。次の空欄に当てはまる十字の語句を、本文中から抜き出して答えよ。

天が[ ]可能性があるから。

[ ][ ][ ][ ][ ][ ][ ][ ][ ][ ]

読解を深める

★★★ 問四　傍線部A「一つの役所で双方の箱を管理していた」の意味として最も適当なものを、次の中から一つ選び、記号で答えよ。

イ　天文の記録と天変の記録という別々の整理体系がうまく機能し、一つの役所の中で両方を明確に区別して記録を保持していた。
ロ　法則性を追求する立場と、記録を重視する立場が、一つの役所内で対立しあい、それぞれが別々に記録を保持していた。
ハ　天文の記録者と暦の記録者の両方が、一つの役所の中で協力し合って現象の統一した記録を作り、その写しをそれぞれが保持していた。
ニ　法則性を追求する立場と、法則性から外れたものを記録する立場が、一つの役所で矛盾せずに現象を分類して共存していたということ。
ホ　記録を重視する立場がすべての現象を記録し、法則性を追求する立場がその一部を扱って、両者が一つの役所の中で共存していたということ。

問五 ★★★　傍線部B「予測に合わないのはわれわれが悪いのではない、天が悪いんだ、というのでは科学は成り立たない」のはなぜか。その説明として最も適当なものを、次の中から一つ選び、記号で答えよ。

イ　予測が外れるのは、法則的予測が正しい以上、天の運行自体に問題があるとみなすべきだから。
ロ　予測が外れるのは、それを忠実に記録するのが科学的態度である以上、科学的問題となり得ないから。
ハ　予測が外れるのは、どんなに科学が進んでも生じうる、例外的事態として処理すべきだから。
ニ　予測が外れるのは、予測を的中させることが科学の目的ではない以上、問題視すべきではないから。
ホ　予測が外れるのは、予測を生んだ法則自体に誤りがあると考えるのが科学的な態度であるから。

問六 ★★★ 以下の文章のⅠには四字の語句、Ⅲには七字の語句を、それぞれ本文中から抜き出し、Ⅱには本文中の語句を用いた二十字以内の表現を入れて、本文要約を完成させよ。

西洋には法則性志向の伝統があり、それが有効に機能して、近代科学が誕生した。法則性に合わない事態は排除されたが、それが多くなると、［Ⅰ］が起こり、より包容力の大きな法則性の体系が新たに生じた。それに対して、中国文化圏では、［Ⅱ］との両者が共存し、昔から物事を分類して収める包容力があった。そして、天文によって、法則性に適合しない［Ⅲ］の累積を見た。

memo

本文の解説

この文章は、西洋の学問と、中国文化圏の学問のあり方を対比的に論じている。したがって、**読解へのアクセス②**に従い、**対比関係に注意して読み進める**必要があるのだが、4以下の内容がかなり入り組んでいて、きちんと整理して捉えることがやや難しい。その点を意識しながら、本文の内容を追っていこう。

● 1～3　魔術と科学

ここでは、魔術と科学の関係が説明されている。**読解へのアクセス③**に従い、**魔術や科学についての先入観を排して、冷静に筆者の見解を追っていこう。**

筆者によれば、魔術は不可思議なものを求める欲求を体系化したものであるが、科学は法則性を求める欲求を体系化したものである点で異なる。したがって、魔術から科学が生じたという親子関係があるわけではない。しかしその一方で、魔術と科学とは異質であるものの、必ずしも競合したり対立したりするものではなく、両者は共存できる関係にある。

● 4～6　西洋と中国文化圏の学問的相違

西洋では古代ギリシャ以来、天体は永久不変の法則に従うという信仰があり、彗星や新星などの法則に合わない現象には注意が払われず、無視された。それに対して、中国文化圏では、法則性を求める「暦学」と天変を記録する「天文」との二つがあり、法則で説明できない彗星や新星などは天変として「天文」の記録に残った。「暦学」と「天文」とは、同一の役所で管理され、「暦学」で説明できない事柄が天変として「天文」の記録に残ったのである。そこには、天体は唯一の法則に従うものではなく、異常で気まぐれに動くかもしれない、という考えが見られる。

● 7・8　西洋の法則性信仰と科学

西洋の法則性信仰が絶対に正しいという保障はない。しかし、この信仰が有効に機能したおかげで、近代科学が生み出された。西洋が法則性に固執したからこそ、それに合わない変則性が大きくなると、科学革命が起きて、そうした変則性をも包み込む、より大きな法則性が求められ、科学が進展してきたのである。

● 9　中国系天文学の包容力

一方、中国系天文学では、「暦学」で説明できない変則性は、「天文」に分類して整理するだけだったので、法則性を追求する迫力はないが、膨大な天変記録が累積された。法則に合わないものを排除することはなく、「天文」と「暦学」を共存させる包容力が見られるのである。

● まとめ

以上が本文の内容だが、最後に本文の対比的な構図を大きく図式化して整理しておこう。くれぐれも、**読解へのアクセス①**に従い、**本文の全体構造を意識する**ことが重要である。

★解答・解説32ページ

〈西洋〉

・法則性志向が強く、法則に合わない現象を無視・廃棄してきた。
・天は永久不変の法則に従うという強固な信念があった。
・法則性信仰にもとづいて近代科学が誕生した。
・近代科学では、法則性に合わない事態が多くなると、革命が起こり、より包括的な法則性が求められた。
・近代科学には、自分たちの法則に従わないものは学問ではないという排他性がある。

⇔

〈中国文化圏〉

・古来、法則性を求める暦学と、法則に合わない天変を記録する天文が併存してきた。
・天には自由があり、天が異常で気まぐれな天変を起こしうると考えてきた。
・天文の伝統により、法則性に該当しない膨大な天変記録の累積を見た。
・天文と暦学とを共存させ、さまざまな物事を分類して収める包容力があった。

Follow Up 3 『社会契約論』重田園江《おもだそのえ》

1 小栗康平《おぐりこうへい》という映画監督がいる。『泥の河』という映画で有名だ。この人が、自分を育ててくれた浦山桐郎《うらやまきりお》監督の死去に際して書いた文章の中に、次の一節がある。

A 哀切であることは誰でも撮れる、それが痛切であるかどうかだよ、オグリ。それだけを憶えておけ、あとはうんうん唸《うな》っていればなんとかなる。もの哀しいことと、身を切られるように痛いこと、私は肝に X じた。

2 これは監督から言われた言葉だそうだ。映画はしばしば人の哀しみを描く。では、その哀しみが観る者に迫るのはどういうときだろう。映画が、スクリーンの中のかわいそうな話を越えて、自分の中に入ってくるときではないか。あるいは、自分がスクリーンの中で、どうにもやり場のない哀しみに打ちひしがれる人に思わず入り込んでしまうときではないか。そのとき、もの哀しい物語が紡ぐ「哀切」は、観る者を巻き込む「痛切」にかわる。

3 私はここに、映画がただの物語を超えて観る側ととり結ぶ関係が、はじめて成立すると思う。哀切が痛切にまで届くことで、かわいそうな話も滑稽な話も、ただ消費されるだけの他人事ではなくなる。

4 映画や、詩、物語、そして絵画や音楽、おしなべて「芸術」と呼ばれる創作活動は、こういうやり方で人と人とをつなぐものだ。それは社会や時代を切り取り a カンショウ者に示すとともに、全く架空の物語であっても、ほかでもない個別具体のリアリティを通じて、人の心に届くことができる。

5 優れた才能が、ある集中において紡ぎ出す芸術作品には、たしかに「痛切」な感情を引き起こす瞬間がある。だが作品の力を借りて、フィクションを通じてリアルへと迫れる場合を除いて、人は他者の境遇に身を切られるような思いを抱くことはなかなかできない。

6 他者は自分とは違う。なり代わることもできなければ、代わりに苦労してあげることもできない。では、直接にはなり代わることのできない他者のために何かしたいと心から願うとき、人はどうするのだろうか。

7 私が学生だったころ、バブル期の日本に外国人労働者が入ってくることの b ゼヒが議論されていた。そのとき私は、日本に来ている東南アジアの女性たちのことが知りたくて、マニラに行った。そして当時あった、「スモーキー・マウンテン」と呼ばれる、都市から出るゴミを長期間廃棄しつづけたとんでもない場所を見にいった。このすごさは写真では分からない。帰りたいとか逃げ出したいとかいう気力もくじかれた状態になっているとき、そばの山の上から声がした。そこの住人らしき女の人が、赤ちゃんを抱いて笑いながら手を振っていたのだ。

8 私はそのとき、この人や赤ん坊に、何をどう思えばいいのか分からなかった。彼らと自分との違い、生まれた場所や生きる境遇の違いをどう受け止めればいいのか。自分はいったい何をすればいいのか。当時二〇歳だった私はただ呆然《ぼうぜん》とするだけだった。

9 どうしようもない隔たりの中で、人はいろんなことを考える。そのうちの一つに、「なんかこの世の中間違ってないか？」というのがある。あそこにいる人たちがあんな生活をしているのはおかしい。何かが間違っている。でも私はそのとき、彼女たちにできることが何一つなかった。こういうのを無力感というんだろう。

10 人が他者との間にどうしようもない違いと隔たりを感じ、同情や共感そのものが吹っ飛ぶような、なんというか強烈な場面に遭遇したとき、その場に立ち尽くすしかなくなる。でも、そのあとはどうなるのか。どうすればいいんだろう。私はいまだにその光景をときどき思い出し、なんともいえない c インサンな気分になる。

11 いまになって思うのは、そういう経験が、「この社会は間違ってるんじゃないか」あるいはもっとストレートに「社会を変えたい」という思いの原動力になることだ。具体的な他者との埋めることのできない隔たりに遭遇したあとで、それでもその人、その境遇に関わりたい、関わらなければと思ったときに人が考えるのは、そういうことではないかと思う。

12 たしかに人は、自分が他者と同じように尊重されたいと願うものなのだろう。だが逆に、他者もまた自分と同じように、あるいはある他者が別の他者と同じように尊重されていてほしいとも、強く願っているのではないか。人は自分のためだけではなく、他者のためにもある種の［甲］を欲するのだ。誰かがあまりにひどい境遇に置かれていることを、人はそのまま受け容れることができない。それなのに一方で、その誰かに直接関われない自分を見出すとき、思考に一種のジャンプが生じる。この社会を、この人をこんな境遇に置きつづける社会を、変えなければと。

13 このジャンプ、具体的な他者に手を差し出したいけれど何もできないという無力感が、「社会」や「世の中」の仕組みを変えたいという思いにつながることは、ごく自然だ。そして、こうした「具体」からのジャンプが、人を一般性の視点に立たせるのだと思う。

14 では、社会を変えるにはどうすればいいのか。この問い自体、一般性の次元をつねに含んでいる。それは、自分のことと他人のこととを区別できない次元、エゴイズムが失われるわけではないが、[d]トクシュの意味でのエゴイズムにとどまることができない次元だ。

15 社会契約論(注)は、一般性の次元、あるいは[B]この意味で社会的な視点が、どのように生まれ、なぜそれが秩序と社会的ルールの正しさについて考える場合に役立つかを示している。社会契約論が拓《ひら》き、そこにそれがあることをはじめて名指した一般性の次元は、人が他者との隔たりの前に立ち尽くすとき、いつも意識する次元なのだ。

16 このことは、世の中の間違いや不正義を、個人のせいにするのか社会のせいにするのかといった程度の話ではない。関わりたいのに関われない具体的かつ圧倒的な他者を前にして、その人も自分もそこに生きる社会の次元、一般性の場に立たざるをえなくなるのだ。ここで人は、個人として、具体的な他者の[乙]を前にして、その人と自分との距離の中で社会的で一般的な視点に立つ。そしてその視点に立つことではじめて、「この社会はどこかおかしい」という問いが発せられる。そこから出発して、何をどう変えなければならないのか、みなが納得できる社会的ルールとは何かが問われることになる。

(注) ○社会契約論……ホッブス、ロック、ルソーに代表される、近代の政治思想。

知識を広げる

★★ 問一　傍線部a〜dのカタカナを漢字に改めよ。

a　b　c　d

★★ 問二　空欄[X]に入る漢字一字を記せ。

★★ 問三　空欄[甲]・[乙]に入れるのに最も適当なものを、次の中からそれぞれ一つずつ選び、記号で答えよ。ただし同じものを二度用いてはいけない。

イ　自由　ロ　実在　ハ　思考　ニ　不在　ホ　平等

甲　乙

読解を深める

★★ 問四　傍線部A「哀切であることは誰でも撮れる、それが痛切であるかどうかだよ」とあるが、筆者は「哀切である」だけの映画をどのようなものだと考えているか、それを説明した十字以上十五字以内の語句を、本文から抜き出して記せ。

問五　傍線部B「この意味で社会的な視点」とあるが、人はどのような経験をすると、こうした「視点」に立つようになるのか。「他者」と「隔たり」という言葉を用いて、四十字以内で説明せよ。

問六　筆者の考えに合致しないものを、次の中から一つ選び、記号で答えよ。

イ　人は、自分が他者と同じように尊重されたいと願うだけではなく、他者もまた自分と同じように尊重されていていてほしいとも、強く願っている。

ロ　社会契約論が拓いた一般性の次元とは、直接にはなり代わることのできない具体的な他者と自分がともに生きる社会の次元にほかならない。

ハ　人は、芸術の体験において、他者の境遇を自分のことのように感じることがあるが、日常ではそうした思いを抱くことはなかなかできない。

ニ　人は、過酷な境遇を生きる他者を前にして無力感を抱くが、一般性の視点に立てば、そうした他者になり代わることができるようになる。

ホ　一般的な視点に立ち、社会のありようを問い直すことは、みなが納得できる社会的ルールを模索し、社会を変革していくことにつながる。

memo

本文の解説

冒頭で映画監督の言葉が引用され、さらに筆者自身の経験が語られるなかで、しだいに抽象度の高い議論が展開していく。長文なので最後まで読み通すのにやや苦労した人もいるだろう。こうした評論では、**具体例とその説明とを対応させて**、読み進めてほしい（**読解へのアクセス⑤**）。また、この文章を通して、**基本編**で学んだ、「具体」や「一般」といった重要な概念についても理解を深めていこう（→基本編p65）。

● 1～6　芸術における他者との一体化

小栗康平が浦山監督から教えられたのは、映画が「身を切られるように痛いこと」つまり「痛切であること」の大切さだという。たとえば、映画の登場人物に感情移入し、深く入り込んでしまった経験はないだろうか。映画だけでなく、文学、絵画、音楽といった芸術は、このようにして人と人とをつなぐ。つまり、**芸術の体験において、人は、他者の境遇を自分のことのように痛切に感じられることがある**のだ。

だが、日常ではなかなかそうはいかない。そもそも自分とは異なる他者になり代わることなどできないのだ。では、そんな他者に何かをしたいと願ったときはどうなるのか。

● 7～10　「スモーキー・マウンテン」での筆者の体験

ここで筆者は自らの経験を記している。二〇歳のとき、ゴミを長期間廃棄しつづけた「とんでもない」場所に行った体験である。そのすごさは実際に体験しないと分からないという。そこで、その過酷な環境で生活しているらしい女性と赤ん坊に出会ったのだ。それは「同情や共感」など霧散してしまうような強烈な場面だった。

筆者は、その女性や赤ん坊と自分との違い、生まれた場所や生きる境遇の違いを受け止めきれず、立ち尽くすしかなかった。彼女たちがあんな生活をしているのはおかしい、何かが間違っている、と考えながらも、そのとき彼女たちにできることは何一つなかった。筆者はいまでもその光景を思い出し、陰惨な気分になるという。

● 11～13　一般性の視点に立つ

それは、**他者との埋められない隔たりを目の当たりにした経験**だった。だが、人は、そうした隔たりに直面して、それでもその人やその境遇に関わりたい、関わらなければと思う。これはどういうことか。

人は、自分が他者と同じように尊重されたいと願うだけでなく、他者も自分やまた別の他者と同じように尊重されていてほしいとも、強く願う。このように、人は、**自分も他者も、等しく尊重されるべきだと考えるから、誰かがひどい境遇に置かれていることを容認できない**のだ。

そして、**その人に手を差し出したいけれど、自分は何もできないと自覚したとき**、「この社会は間違っているのではないか」と考え、「この人をこんな境遇に置きつづける社会を変えなければ」と思う。これは、個々の具体的な他者に直接関わる次元から「ジャンプ」して、**一般性の視点に立つ**ことを意味するのである。

● 14～16　一般性の視点とは何か

「社会を変えるにはどうすればいいのか」を考えるとき、人は、一般性の視点に立たざるをえない。これは次のように考えるとよいだろう。社会は、他者と自分がともに生きる場であり、いわば共同の次元である。

そこに一人ひとりが生きる限り、それぞれのエゴイズム（利己主義）は失われないだろう。だが、共同の場である社会を変えようとするなら、それぞれの利害関心にとどまるわけにはいかない。それらを調整し、**みなが納得できる社会的ルールとは何かを問う**必要が生まれるのだ。これが社会的で一般的な視点に立つということである。

人は、**関わりたいのに関われない具体的な他者に直面したとき、世の中の間違いや不正義を感じ、社会を変えたいと思う**。そして、**その人も自分もそこに生きる社会の次元、一般的な場に立つ**ことになる。そして、こうした一般性の次元を拓き、はじめて名指したのが、社会契約論なのである。

● **まとめ**

芸術において、他者に痛切な思いをいだく
例　小栗康平が浦山監督から聞いた言葉

←

一般性の視点に立つ〔社会契約論〕
・関わりたいのに関われない他者に直面する
　例「スモーキー・マウンテン」での筆者の体験
←
・世の中の不正義を感じ、社会を変えたいと思う
・みなが納得できる社会的ルールを問う

具体例とその説明を対応させながら文脈を理解し、じっくり読み進めれば、筆者の言いたいことが見えてくるはずだ。難しいと感じた人は、何度も本文を読み直しておこう。

★解答・解説35ページ

Follow Up 4

『居坐《いすわ》り猫』　島尾敏雄《しまおとしお》

[1] 私の家には[1]鼠《ねずみ》が多く、台所は言うに及ばず、押入れや本棚の間を歩き廻って糞を落とし、見境《みさかい》なくかじりつき、[a]シマツにおえない。

色々薬を使ったり、鼠捕りを仕かけてみたりしたが、すぐ役にたたなくなり、やがて鼠は一層[2]横着になって、しまいには平気で枕許《まくらもと》を歩くまでになった。

[A]私たちが鼠に悪意を抱いていることが、鼠の心象を害して、鼠どもの心は荒れすさび、どんないやがらせと狂暴な作戦に出ないでもないような妄想さえ起きる時もあった。

そのうちに柱などもかじり取られ、障子、ふすまは破られ、壁は穴をあけられ、屋根瓦にはすきまを作られて、たのみとする私たちの小さな住居がつぶされてしまうのではないか。揚句《あげく》の果て、いっそのこと猫を飼ってみようかと妻が言い出した。

[2] 私は家の中にけだものを飼うことが、どうしたわけか好きでない。

それは色々な原因もあるだろうが、物心ついてから私の家に犬や猫の飼われた記憶のないことが、その最大の原因ではなかったろうか。

私の父と母とが両方ともそれを嫌ったのか、或《ある》いは父か母のどちらかがいやがったのかは、はっきりしないが、とにかく、いきもののいた思い出がない。

従って、何かへんなにおいのするもの、ごそごそ動くものが、家の中や家の廻りに飼われているという状態が、何となくいやであった。人間とけだものと、[b]ゴカイの上で何か甘ったれ合っている、とそんなふうに邪推するような気持を持っていた。

ところが、私は結婚し、やがて子供が二人出来て、親許から離れて自分たちだけの家を持つようになった。

私の新しい家には、私がそれまでくらして来た親許の家の中にはない、新しい雰囲気が出来た。私の過去とは、全然関係のない長い違った生活を持って来た一人の人間、即ち私の妻が、その新しい雰囲気を持ち込んで来た。

B妻は色々ないきものを飼うことに興味を持っていた。

私は最初それに抵抗した。

しかし次第に家の中の日常生活の秩序の中心に坐り込んでしまった妻の、いきいきした生活の営みに、私は押し流され始めた。

[3] 先ず、私の家に鶏《にわとり》が飼われた。

庭と言っても、家屋の周囲、ひとがひとり歩けるだけの狭い庭の、のき下に工夫をして鶏小屋をつくったのだが、私はそのくさいにおいや、しょっ中落着きなく動き廻る物音になやまされた。何故か知らぬが夜中じゅう、かたかたという音が鶏小屋からきこえて来た。朝方早く鶏どもの餌をついばむ音の勇ましさは、急にあられか雹《ひょう》がふって来たかと、おどろいて眼を覚ます程であった。

しかし、とにかく、私は、それらのものに馴れてしまった。むしろ私は、鶏から色々のことを教わった。鶏たちの、くせ、病気、死など色々の出来事から、私は沢山のことを暗示され、次第にわずらわしさを忘れてしまい、その騒々しさの中に、一種の張り合いをさえ感じ始めた。

だが、猫を飼うことについては、まだ疑問があった。いざ、となると、気持はcシブった。鶏はとにかく家の外だ。猫となると家の中だから、そこら中に小便や糞をされるようにも思えた。ふすまや畳もひっかくだろうし、第一寝床の中にまで侵入されてはやりきれないと思った。

[4] 所が、或る日私は外出し、友だちと酒など飲んで、おそく帰って来たことがあった。

すると妻が、何か家の中が変ってはいないかと聞いた。

私はdジョウキゲンのまま分らないと言った。

妻の言葉によると、今日見知らぬ猫が、家の中にはいって来たが、上の男の子も下の女の子も夢中になって喜んで、放そうとしない。外に捨てようとすると子供たちは泣いていやがるし、それに見た所そんなにきたない顔付でもないから、ごはんを食べさせて置いてあると言うのであった。

私はつい、いいよ、いいよと言って、そのまま寝てしまった。

それよりつい前の日のこと、どこからか鶏が迷い込んで来た時、はり金のかごをかぶせて餌を与え、玄関口にはり紙をして飼い主の現われるのを待っていたら、二日ばかりして、太った女の人が受け取りに来たことがあったから、この猫も二、三日したらもとの家に帰って行くか、また飼い主がさがしに来るだろうと思った。

しかし結局この猫は、私の家に居坐ってしまった。

はじめ、勝手が分らずに家の中に糞をしたことや、がつがつした食べ方や、どこか病気らしい弱り方や、見境なく畳をひっかくことや、畳の上にどろをあげることや、足許にまとわりついて歩きにくいことや、鼠を取りそうにもないことや……要するに、この猫のそれまでに送って来た、私には知ることの出来ない生活のくせのために、私はなじめない気持が強かった。

5

しかし、子供たちの喜びようはどうだろう。

それは私には想像されなかった位、猫を間にして二人の子供は生活がふくれた。

子供たちが猫を可愛がったり、いじめたりしている様子は、人間とけだもの、と言うより、同じ種の生きもの同士のじゃれ合いとしか私には見えない。

猫のつめが、私にはeフツゴウにじゃまなものに見えるのに、子供たちには又別個の面白い遊び道具であった。勿論子供たちのほっぺたや手足には数えきれない程、猫のつめのひっかき疵《きず》がついたが、子供たちは、それに平気でいることが私にはげせなかった。

それだけでなく、特別に鼠捕りに関心を示さない猫のように見えたのに、いつの間にか鼠の足音が天井から、鳴りをひそめてしまっていたのだ。

私は又、猫にもなれてしまいそうであった。

猫が来たことで、私の性格の暗い或る部分がなくなったのではないかと思えた。

私は猫の来たことで、自分の子供たちの、張り合いのある或る一面も新しく見つけた。

そしてこの猫も次第に、私の家の雰囲気を覚え込んで、はじめのなじみなさや、きたならしさが感じられなくなって来た。

しかしこの猫は、どうして、私の家を選んだのだろう。今もってそれが私には分らない。

知識を広げる

問一 傍線部a～eのカタカナを漢字に改めよ。

a

b

c

d

e

問二 傍線部1「鼠」を含む次の慣用表現の空欄を補うのに最も適当なものを、次の中から一つ選び、記号で答えよ。

窮鼠《きゅうそ》□を噛《か》む

イ 尾　ロ 猫　ハ 人　ニ 舌　ホ 爪

問三 傍線部2「横着」の「横」と異なる意味で用いられているものを、次の中から一つ選び、記号で答えよ。

イ 横紙破り　ロ 横車を押す　ハ 縦横無尽の活躍

ニ 横暴な振る舞い　ホ 横柄な態度を取る

65

読解を深める

★★
問四　傍線部Aの表現についての説明として最も適当なものを、次の中から一つ選び、記号で答えよ。

イ　家族のそれぞれが心の悩みや苦しみを抱えている様子が、小さな住居が鼠の被害によって次第に崩れかかっているという具体的な事態によって象徴的に表現されている。

ロ　生活の支えとなっている小さな住居が、鼠によって破壊されているのに何も対応できない無力感から妄想すら抱いてしまう様子が、直喩《ちょくゆ》を交え印象的に表現されている。

ハ　鼠による被害を受け続けることに困り果て、どこまで家を荒らされてしまうのか不安で仕方がない様子が、擬人法を含めやや誇張した言い回しで表現されている。

ニ　人間に嫌われていることを本能的に察知した鼠が、群れの存在感を誇示するために活発に動き回っている様子が、目に浮かびそうなほど写実的に表現されている。

ホ　家の中にいきものがいることを極端にいやがっているために、特に深刻な被害でもないのに過剰に心を乱されている様子が、ユーモラスに表現されている。

★★★★
問五　傍線部B「妻は色々ないきものを飼うことに興味を持っていた」とあるが、こうした「妻」は「私」にとってどのような存在として描かれているか、六十字以内で説明せよ。

問六 ★★★ 傍線部C「この猫は、どうして、私の家を選んだのだろう」とあるが、こう思う「私」についての説明として最も適当なものを、次の中から一つ選び、記号で答えよ。

イ 鶏を飼ったときと同様に、当初はなじめない気持ちで見ていたものの、子供の楽しみや鼠の被害の予防にもなっていることがわかると、次第に猫を受け入れるようになり、こうした気持ちの変化に戸惑っている。

ロ 家の中で動物を飼うのは人間と動物との甘え合いだという考えから嫌っていたのに、子供と猫が同種の生きもの同士のようにじゃれあっている様子を見るにつけ、命のつながりにしみじみとした感慨を覚えている。

ハ 当初は過去にどんな生活を送ったのかわからずなじめなかったが、子供が猫とのじゃれ合いを楽しみ自分の性格が明るくなったこともあり、過去にこだわらず現在の充実感を大切にしようと思いをあらためている。

ニ 偶然家に入り込み居坐ってしまった猫が、鼠からの被害を防いでくれるようになっただけでなく、子供の日常や沈みがちな面もある「私」の性格にまで活気をもたらしたことに、不思議な巡り合わせを感じている。

ホ 妻への遠慮から猫の飼育をしぶしぶ承知したが、鼠を取るだけでなくわが家の雰囲気を覚え込んだのか、子供と楽しく遊び自分の性格まで明るくしてくれるということもあり、猫が入り込んだことを僥倖《ぎょうこう》と受けとめている。

本文の解説

この文章は、「私」の家に猫が住み着いた前後の出来事が中心になっている話である。**小説では、場面設定に注意する**という**読解へのアクセス⑦**に従い、本文全体をいくつかの場面に分けて、内容を見ていこう。また、**登場人物の心情を読み取る**（**読解へのアクセス⑧**）ことをくれぐれも忘れないように。

● 1 鼠の被害に困惑し猫を飼おうという妻

私の家には鼠が多く、対抗策をとっても家中さまざまな被害を受けている。まるで鼠たちが私たちに悪意を抱いているのではないかとさえ思え、そうした鼠のせいで住居がつぶされるのではと心配するほどである。ついには妻が猫を飼おうと言い出した。

● 2 いきものとの同居を嫌う「私」を、妻が押し切る

しかし私は家の中で動物を飼うことが好きではない。その最大の原因は、両親どちらの判断かはともかく、小さい頃から家で動物を飼った経験がないからである。人間と動物は別々の存在である。両者が同居するのは、互いの甘え合いにすぎないという気もしていた。

ところが、結婚し新たな家庭を築くと、「私」と全く異なる人生体験を経てきた妻が、親許の家の中になかった新しい雰囲気をもたらした。

妻はいきものを飼うことに興味を持っており、私はそれに抵抗した。しかし次第にわが家の中心となり、いきいきした生活を営んでいる妻に、いきものの飼育を嫌う「私」は押し切られるようになった。

● 3 鶏を飼うことに張り合いを感じるようになる「私」

まず、狭い庭の軒下に作った小屋に鶏が飼われた。当初は、その騒々しさに悩まされたものの、次第に馴れてしまった。そればかりか、鶏たちにもくせがあることや、病気や死など色々の出来事から、多くのことを暗示され学んだ。こうして、わずらわしさを忘れて、その騒々しさの中にある種の張り合いさえ感じ始めるようになった。

とはいえ、鼠への対策だとしても、猫を飼うことには、まだ抵抗感があった。家の外にいる鶏とは違い、家の中にいる猫は、家中を汚し、「私」の安らぎまで損なうように思われたのである。

● 4 わが家に猫が居坐るようになる

ところが、酒を飲み上機嫌で、遅く帰宅したある日のことである。妻によれば、見知らぬ猫が、家の中に入り込んだ。二人の子供が夢中になって喜び、猫を放そうとしない。外に捨てようとすると子供たちが泣いていやがるので、ごはんを食べさせて置いてあると言う。

つい先日迷い込んできた鶏を飼い主が取りに来たように、猫もまた飼い主が探しに来るだろうと思い、猫を家に置くことを認めた。しかし結局、飼い主は現われず、この猫は我が家に居坐ってしまった。

当初は、鼠を取りそうにないくせに、家の中を汚したり、まとわりついたりと、「私」にとって知りようもない生活を通じて身に着いたくせのために、この猫になじめなかった。

● 5 猫によっていきいきとしてきたわが家

しかし、猫を飼うようになってから、二人の子供の生活は驚くほど活

気づいた。子供たちが猫と遊んでいる様子は、人間と動物と言うより、同じ種の生きもの同士のじゃれ合いに見える。

おまけに、鼠捕りに関心を示さないように見えたのに、猫が住み着いているせいか、いつの間にか鼠の騒々しさがなくなっていた。

わが家に猫が住み着いてから、子供たちの張り合いのある日々を目にし、「私」の性格の暗さもなくなったような気がしてきた。

こうして、「私」が鶏に次いで猫にも馴れてきたように、猫の方も次第に、わが家の雰囲気に溶け込んできている。

それにしても、わが家に活気をもたらしたこの猫が、なぜわが家を選んだのかを考えると、不思議な気持ちにならざるをえない。

まとめ

以下、本文の主要な内容を、簡単に整理しておこう。

〈鶏をめぐる経緯〉

親許の家庭の影響もあり動物との同居を嫌う「私」
↓
結婚後の家庭では、中心となる妻に押し切られる
↓
鶏を飼うことにある種の張り合いを感じる

〈猫をめぐる経緯〉

鼠の被害に困惑しても猫を飼う気になれない「私」
↓
子供の望みだからと妻が猫を家に住まわせる
↓
猫によって、「私」を含めわが家が活気づくようになる

「私」は、親許で暮らしていた頃の経験からか、動物を飼うことに違和感を抱いていた。しかし、妻や子供たちの望みを取り入れることで、そうした違和感も次第になくなり、むしろある種の充実感さえ抱くようになった。しかも「私」は、そうした自身の心境の変化に、不思議さをもしみじみと感じている。そうした流れを、しっかり読み取っておこう。

★解答・解説38ページ

〈読解へのアクセス一覧表〉

1	本文の全体構造を意識しよう
2	対比関係に注目しよう
3	先入観を排して、本文を読み進めよう
4	難解な表現や用語であまり立ち止まらず、先に進もう
5	具体例とそのまとめ（説明）とを対応させよう
6	同じような内容の言い換えに注目しよう
7	小説では、場面設定に注意しよう
8	小説では、登場人物の心理を読み取ろう
9	小説では、特徴のある表現に注意しよう
10	難しい熟語も、一字一字の漢字から意味を推しはかろう
11	小説では、リード文に目を通すことを忘れないようにしよう

18720

河合塾
SERIES

アクセス復習プレミアムノート

＊

[基本編]

＊

解答・解説編

＊

河合塾講師
荒川久志
菊川智子
立川芳雄
晴山亨
共著

＊

河合出版

〈正解へのアクセス一覧表〉

1	つねに「より良い答え」を求めよう
2	設問をよく読み、何が問われているのかを正確につかもう
3	マス目の解答欄では、冒頭の一字を空けたりせず、句読点や記号にも一マス用いること
4	傍線や空欄の問題では、その傍線や空欄の前後の文脈（文の流れ）をよく確認し、解答の方向を見きわめよう
5	記述問題では、すじの通ったわかりやすい答えを作るよう心がけよう
6	「……の違いを述べよ」という問題では、二つを対比させて答えよう
7	空欄補充問題では解答しやすいところから入れていこう
8	指示語の問題では、前後の文脈をよく考えて、解答候補は一度指示語の部分に代入して確認しよう
9	とらえどころのない問題では、本文全体の主旨に即して解答を考えよう
10	選択肢の問題では消去法を活用すること
11	脱落文は、まず脱落文自体の内容に注目し、前後の文脈を論理的に推測してみよう
12	傍線部と同じ話題や語句が出てくる箇所に着目しよう
13	記述問題の答えは、中身の濃いものを
14	問われていることと無関係なことを答えないようにしよう
15	解答に確信が持てないときには、別の方向から考えてみよう
16	記述問題では、重要な内容から優先的に答えていこう
17	傍線部を言い換えている箇所に着目しよう
18	小説では、必要以上に深読みをしないようにしよう

目次

Brush Up 1 『機械の心・動物の心』西垣 通

→ 基本編 p24

問一 aは本文では「無惨」となっているが、現在では「無残」と書くことも多い。b「肝心」は「肝腎」とも書く。

問二 イ「野望」は、〈身のほどを超えた大きな望み、むき出しの野心〉という意味。ロ「在野」は、〈官職などに就かず、民間にいること〉。ハ「分野」は、〈物事の領域、範囲〉。ニ「野原」は、〈広く平らな土地〉。そしてホ「野蛮」は〈文化が開けていないさま、粗野なさま、洗練されていないさま〉という意味である。

もっと知識を広げる

政治の世界では、政権を担当している政党のことを「**与党**」、そうでない政党のことを「**野党**」と呼ぶが、なぜそうした言葉づかいをするのだろうか。

「与」という字には、「あた（える）」「くみ（する）」「（あずか）る」という読み方があり、漢文では「と」「ともに」とも読む。「与《くみ》する」とは、〈味方をする、かかわる、関与する〉という意味。「与《あずか》る」にも、やはり〈かかわる〉という意味がある。つまり「与党」という言葉は、〈実際に政権にかかわり、関与している政党〉という意味なのだ。

これに対して「野」という字には、この**問二**の③にもあるように、〈民間〉という意味がある。したがって、〈権力側にいない在野の党〉のことを「野党」と呼ぶのだ。その他にも、「野《や》に下《くだ》る」とか「下《げ》野《や》する」とかいえば、〈役人などが民間の生活に入ること〉という意味になる。

こうしたことからもわかるように、**漢字には一字一字に特有な意味があり、そうした意味を知ることは、読解力をつけることにもつながるのだ**。また、こうした漢字の学習が漢文の成績向上につながるということも、いうまでもないだろう。

問三 「日進月歩」とは、〈日ごと月ごとに、たえず進歩する〉という意味である（→基本編p29）。

問四 傍線部4「そうは問屋がおろさない」は、〈そんなに思いどおりになるものではない〉という意味の慣用表現。5「頓挫」は〈途中でだめになる、挫折する〉という意味である（→基本編p29）。この問題のように語句の意味を答える問題では、その語句の本来の語義、つまり辞書に載っているような意味に即して答えるということが基本である。

問五 漢字や熟語を覚える際には、次のことも心がけてみてほしい。

知識へのアクセス①

漢字や熟語などは、その語の典型的な用例とともに覚えるようにしよう

① イ～ホの言葉の中で「自然の…」という表現と最も自然に結びつくのは、ニ「摂理」。「自然の摂理」とは、〈自然界を支配している法則、おきて〉という意味である。

② これは空欄直後にある「もとる」がヒント。「もとる」は漢字では「悖る」と書き、〈そむく、さからう〉といった意味。そして「倫理にもとる」とか「人の道にもとる」などの慣用的な表現がある。ちなみに「倫理」とは、〈人として守るべき道、道徳〉といった意味である。

③ イ～ホの中で「不…」という接頭語と結びついて熟語になるのは、ホ「条理」しかない。「不条理」とは〈道理や理屈に合わない〉という意味である。

問六 各選択肢を本文と丁寧に照合すること。

イ 選択肢前半が、21～23行目の内容と矛盾する。「動物の心」にも「感情めいたものはある」のである。

ロ 本文に述べられていない内容。8行目に「野望」のことは述べられているが、そうした「野望」をもつことが「ヒトへの冒瀆」であるとか、「そうした野望を認めることはできない」とかいったことは、本文に述べられていない。

ハ 8の内容に合致しており、これが正解となる。**「還元」**は重要語で、**〈元に戻す〉〈単純化して考える〉といった意味**。ヒトの用いる言語を単純に文法的・論理的なものとみなすことはできないというのが、この選択肢の趣旨である。

ニ 動物に「論理的情報処理能力が備わっている」というのが、21～23行目や、25行目などの内容と矛盾している。

ホ 8の内容、とくに25～28行目に反している。ヒトの「心の謎」は、「ヒトの言語行動」を「記号操作」としてではなく、それより「もっと深くて根源的なもの」と捉えることによって、はじめて「少しずつ解けてくる」のである。

問七 波線部の理由は、とりあえずはそれに続く部分に述べられている。「温かいハート」といったイメージが「失われつつある」のは、**現代人が自分の心を「情報処理機械」であるかのようにみなしはじめたからである（↓b）**。

そして、そうした見方が一般化してきたことの背景には、最終段落などにあるとおり、**現代社会の「情報化」という現象**がある。このことは、解答の書き出しとして指定された「情報化社会の到来によって」という表現と、きちんと対応している。

解答の大筋はこれでよいが、ここで正解へのアクセス⑤を思い出し、もっと**すじの通ったわかりやすい答え**にしてみよう。現代人が自分の心を「情報処理機械」であるかのようにみなすようになったというのは、たしかにそのとおりなのだが、では、それはいったいどういうことなのか？ それは、**自分の心を「論理的」なものだとみなす**ようになった（↓a）ということであろう。

以上の内容を整理しなおすと、次のようになる。これらを制限字数内にまとめれば、正解である。

情報化社会の到来によって
↓
a 現代人は、自分の心を論理的なものとみなし
b 機械の心であるかのようにみなすことになった

【解答】

問一　a 無惨（無残）　b 肝心（肝腎）　c 統御
問二　① ニ　② ハ　③ ロ　④ ホ　⑤ イ
問三　日・月
問四　4 ロ　5 ニ
問五　① ニ　② イ　③ ホ
問六　ハ
問七　情報化社会の到来によって、現代人のなかに、自分の心を機械のように論理的なものだとみなす気持ちが強くなってきたから。（57字）

【配点】

問一　6点（2点×3）
問二　10点（2点×5）
問三　3点（完答）
問四　6点（3点×2）
問五　9点（3点×3）
問六　6点
問七　10点
「情報化社会の到来によって」以下のa・bの傾向が生じた
a　自分の心を論理的なものとみなす……………………5点
・「自分を論理的に管理統御しようとする」なども可。
b　自分の心を機械の心であるかのようにみなす………5点
・「自分を情報処理機械のように捉える」なども可。

Brush Up 2 『イギリスの訓《おし》え』 山本雅男

→ 基本編p70

問二 「委曲《いきょく》」は、〈くわしく細かなこと〉という意味。この本文のように、「委曲を尽《つ》くす（＝説明などを詳しくして、細かいところまで行き届かせる）」というかたちで用いられることが多い。類語は、「委細」「詳細」。

知識へのアクセス② 個々の漢字の意味をおさえよう

「委」は、「委任」のように、〈自分ではせず、他人にまかせる〉という意味を持つだけでなく、〈細かくくわしい〉という意味も持つ。たとえば、「委悉」という言葉に出会ったとしよう。もし漢字の意味を知っていれば、意味を推測できるだろう。「委悉《いしつ》」は〈物事を事細かに詳しくすること〉。ちなみに、「悉」は訓読みで「ことごと（く）」と読み、〈すべて〉という意味を持つ。それでは、「知悉《ちしつ》」はどういう意味だろう？

このように、漢字の意味を知ると、言葉への理解が深まり、知識が広がる。この問題集に取り組むなかで、ぜひ一つひとつの漢字の意味に注目してみてほしい。

問三 「理性」については、**基本編p77**を参照してほしい。「理」という字は、訓読みでは「ことわり」と読み、〈物事の筋道〉を意味する。「理」を含む言葉には、「合理」「論理」「条理」「道理」「理路」「倫理」などがある（→**問題編p9**）。**知識へのアクセス②（個々の漢字の意味をおさえよう）**をふまえて、言葉の理解を深めていこう。

問四 2の「憂《う》き目《め》」は、〈つらいこと、苦しい経験〉なので、ホが正解。「憂《うれ》える（憂《うれ》う）」は、〈心配する、嘆き悲しむ〉という意味。

3の「満更《まんざら》でもない」は、〈まったくだめだというわけでもない〉という意味で、ニが正解。「でもない」と否定を含んだ表現だが、この文脈のように、〈（悪くはない、いやむしろ）かなりよい〉というニュアンスで用いられる場合がほとんどなので、注意したい。

問五 傍線部は、直前の「アメリカやヨーロッパをよく知る人々が日本において感じる窮屈さ」を言い換えたもの。つまり、ここでの「同一性」とは、「同質社会」である日本の性質のことである。日本は「**同質であることを強いる**、眼に見えず張りめぐらされた網が、不自由さを生み出している」。そのため、多様性を許容する欧米社会をよく知る人々は、日本社会に「窮屈さ」を感じ、「不快」を覚えるというのである。こうした「同一性」のありかたに最も近いのは、ハの「**出る杭《くい》は打たれる**」。これは、〈出すぎたことをする者やすぐれてぬけ出ている者は、人から憎まれやすい〉という意味。並べて打った杭が一本だけ高ければ、他と揃うように打ち込まれることから生れたことわざである。同調圧力の強い日本社会を語るときに、よく用いられる。「出る釘《くぎ》は打たれる」とも言う。

他の選択肢は以下のとおり。いずれも重要なことわざ・慣用句である。覚えておこう。

イ「一寸《いっすん》の虫にも五分《ごぶ》の魂」…どんなにつまらない者にも、それなりの魂があること。

ロ「情けは人のためならず」…人に情けをかけておけば、いつか自分のためになる。

ニ「木に竹をつぐ」…ちぐはぐで、つり合いや調和がとれないこと。

ホ「船頭《せんどう》多くして船《ふね》山にのぼる」…指図をする人が多くて仕事が進まないこと。

問六　**設問をよく読み、何が問われているのかを正確につかもう**（**正解へのアクセス②**）。「ヨーロッパ近代型のモデル」の社会についての説明を「二つ」選ぶ。

イ「子供や老人といった社会的弱者が家族のなかで手厚く護られている日本（ℓ25）」とあるように、これは日本社会についての説明である。

ロ　ヨーロッパ近代において、その基盤となる個人を支える理性が重視され、その結果、合理主義や科学技術の形成が可能になった（2）。これが一つ目の正解。

ハ「虚無感にさいなまれてきた」は、本文のどこにも書かれていない内容。

ニ「個としての人間」を基盤とするヨーロッパ社会では、人々は「子供の頃から、毎日の生活のなかで、それ（＝孤独）をしっかり受けとめ、噛みしめている（ℓ24）」。これが二つ目の正解。

ホ　傍線部を含む一文から、これは今後の日本に求められる「われわれ独自の座標軸（ℓ36）」のあり方であり、「ヨーロッパ近代型のモデル」とは「異なる」あり方だとわかる。

問七　**本文要約**をやってみたいけれど、どうすればいいかわからない、ハードルが高いと感じている人も多いだろう。そんなときには、まず段落要約から始めるとよい。

要約の基本　段落要約をしよう

この設問を参考にして、**段落ごとに重要だと思われる内容を書き出してみよう**。その際、本文の重要箇所に印をつけ、その部分の表現を用いてまとめるとよい。最後に、段落ごとのまとめを最初から最後まで通して読んでみよう。本文の主旨をふまえた内容になっているだろうか。まずはこれだけでも十分よい練習になる。読解が深まるだろう。

こうした作業をふまえて、ⅠとⅡを考えよう。そのさいに、**空欄の直前と直後の内容のつながりに注意したい**（**正解へのアクセス④**）。

Ⅰに入るのは、4の「個人の自律と自由を拡大する」。筆者が日本人に必要だと考えているのは、「ヨーロッパ近代型のモデルとは異なる、われわれ独自の座標軸を模索する」こと。それは、「家族や共同体といった人間の絆を維持しつつ**個人の自律と自由を拡大する**」ことなのである。

Ⅱに入るのは、5の「自分自身への頑固なまでの自信」。イギリス人の生活に「豊潤な奥行きの深さ」が感じられるのは、「多様性に対する許容と**自分自身への頑固なまでの自信**」が現れているから。日本人にとってイギリス人の生活は「われわれの手本となる」のである。

【解答】

問一　a　享受　b　象徴　c　虚飾

問二　委

問三　ことわり

問四　2　ホ　3　ニ

問五　ハ

問六　ロ・ニ

問七　Ⅰ　個人の自律と自由を拡大する（13字）

Ⅱ　自分自身への頑固なまでの自信（14字）

【配点】

問一　6点（2点×3）

問二　4点

問三　3点

問四　8点（4点×2）

問五　5点

問六　12点（6点×2）

問七　12点（6点×2）

Brush Up 3 『マンネリズムのすすめ』丘沢静也 → 基本編 p94

問二 ホ 「目を光らせる」とは、〈厳しく見張る〉という意味。なお、「喜びに満ち溢れていること」という意味に近いものとしては、「目を輝かす」という慣用表現がある。

知識へのアクセス③
身体の部位を含むことわざや慣用表現はたくさんあるので、それぞれの部位に即して、言葉の知識を整理しておこう

問三 ニ 「哀惜」は、〈人の死や何かが失われたことを、悲しみ惜しむ〉という意味。「哀」は悲しむこと、「惜」は惜しむことで、二つの文字は対立する意味をもつわけではない。

問四 **正解へのアクセス⑧**により、**指示表現について前後の文脈を検討する**と、「そういう発想」とは、**テキストが朗読される際に、原文とちょっと違った読み方をすること**を**「テキストからの逸脱」**と考える（＝a）ことだとわかる。しかし、テキストとその朗読に小さな違いがあっても許容される可能性がある（ℓ12）。だとすると、むしろaのように考える方が、**「オリジナル」（＝創作）に関する態度としては「逸脱（＝正しい筋道から外れる）」している**（＝b）のかもしれない、と筆者は言っているのである。したがって、「テキストそのままの朗読を期待する（＝テキストと異なる朗読を拒む）」という前半がaに、後半がbに相当するイが正解。

ロ 「平気でテキストと異なる表現をする詩人は、詩人の誇りを失っている」が、本文に述べられていない。

ハ 選択肢前半が、aの説明としては不十分。また、「安易な姿勢だ」も本文に述べられていない。

ニ aについての説明がない。また、「文字テキストとその朗読」については、その「異同」を問題にしているのであり、両者の「価値」に関しては、本文でまったく述べられていない。

ホ 筆者は「テキストが朗読される際になされる変更は意図的か否か」を特に問題にしていない。また、それが「無意味だ」という判断もbには該当しない。

問五 まず、**傍線部の前後の文脈をよく確認する**（**正解へのアクセス④**）と、直後に、「相手にたいする信頼が絶対でないとき、私たちは文書をかわして契約する」とある。ここから、文書による契約が必要なのは、

a **相手との絶対的な信頼関係がないから**

という理由が得られる。とはいえ、なぜ相手を信頼できないのか。

これに関しては、**傍線部と同じ語句が出てくる箇所に着目する**と（**正解へのアクセス⑫**）[6]の終わりに「人間は信用のできない動物であるし、記憶力も当てにならない。社会もサイズが大きく、複雑になっている。だから文書による契約は不可欠だ。」とある。ここから、

b **人間は信用できない生きものであり、記憶も当てにならない**

c **社会の規模（＝サイズ）は拡大し複雑になっている**

というポイントが得られる。

　aは設問にある空欄を含む文の末尾にあるので、Ⅰ・Ⅱに該当する内容としては、b・cをそれぞれ入れればよい。

　Ⅰは直後に「時代」とあるので、これに結びつく内容としては、時代の変化に伴う社会状況が示されている、cをほぼそのまま入れればよい。

　次にⅡは直後に「人」とあるので、人の性質を示しているbの内容を、同じく二十字以内にまとめて入れればよい。

　なお、本文中の語句をそのまま抜き出してしまうと、Ⅰは、「社会もサイズが」で始まり「も」が不自然な表現になってしまう。また、Ⅱは字数がオーバーしてしまう。設問の条件に合致するように工夫するとともに、**すじの通ったわかりやすい答え**（**正解へのアクセス⑤**）になるように注意しよう。

問六　傍線部の「テキスト至上（＝最上・最高）主義」とは、9・10にあるように、書かれたまま固定している文字テキストが最高であり、その著作権・独自性・創造性にこだわり、それらを重視することである。ここから、「テキスト至上主義」とは、

　a　**文字テキストは書かれたまま固定しているのが最高**

　b　**テキストの著作権・独自性・創造性にこだわり、重視する**

という考え方であることがわかる。

　次に、こうした主義から距離を取る、すなわち異なる立場を選ぶことについては、傍線部直後に「個性とかオリジナリティは些細《ささい》なことに思えてくる」とある。ここからは、

　c　**a・bなどは些細なことだと考えること**

ということがわかる。

　これで、〈a・bではなく、cと考える〉という一応の内容は得られた。だが、「個性とかオリジナリティ」が「些細」なことならば、何がより重要なことなのか不明である。これに関しては、「森のなかでは、村人たちが歩いているうちに、踏みしめられて自然に小道ができる」以下の説明がなされているが、テキストに関してどう考えているのかが読み取りにくい。そこで、**とらえどころのない問題では、本文全体の主旨に即して考える**という**正解へのアクセス⑨**に従い、本文をもっと広く見渡してみよう。

　4・5では、私たちは「オリジナル」にこだわりすぎているが、口伝えの話も書かれているテキストも、語り手や書き手は聞き手と関わりあいながら変更されていくことが述べられている。しかもその変更は、本文で繰り返されているように「自然に」「できる」のである。こうした全体の主旨と12の説明とを重ね合わせると、

　d　**書き手や読み手が時間をかけてテキストに関わる**

　e　**テキストは自然にできあがる**

とまとめられる。

以上を〈a・bではなく、cであり、d・eと考える〉と組み立てていけばよい。

問七　各選択肢を本文の内容と丁寧に照らし合わせていこう。

イ　「イントネーションに注意しながらテキストとの異同を確かめるべき」が本文の「イントネーションだけでは区別できないことが多い」（ℓ10）に合致しない。

ロ　4の冒頭と5の内容に合致する。これが正解。

ハ 「文字を書く文化」のはじまりに関しては8で説明されているが、そこでは「多様な現実を豊かに表現するようになった」とは書かれていない。

ニ 「文字で書かれているテキスト」に関しては9で、「誤配の可能性もある」とあるので、「誤読されることはない」と断定できない。

ホ 10では、「文字テキスト」は「流通」し、創造性などを目印にして扱われるうちに、「偉いものに思えてくる」とある。したがって「テキストに備わっている創造性への評価が低下」するわけではない。

【解 答】

問一 a 厳 b 許容 c 証拠 d 嘆

問二 ホ

問三 ニ

問四 イ

問五 Ⅰ 社会の規模が拡大し複雑になっている（17字）

Ⅱ 記憶力も当てにならず、信用のできない（18字）

問六 文字テキストはもとのままが最高だと思い込むことなく、著作権、独自性、創造性などは些細なことであり、テキストは、書き手や読み手の様々な関わりを経て、自然に整えられたものとして受容されていくと考えること。（100字）

問七 ロ

【配 点】

問一 8点（2点×4）

問二 3点

問三 3点

問四 7点

問五 8点

Ⅰ a 社会の規模が拡大……2点

b 社会は複雑になっている……2点

Ⅱ c 人間は信用できない……2点

d 記憶力は当てにならない……2点

問六 14点

a 文字テキストはもとのままが最高……3点

b 著作権、独自性、創造性が重要……3点

c a・bなどは些細なこと……2点

＊傍線部直後の「個性とかオリジナリティは些細なこと」は、b・cの部分的説明なので、合わせて3点

d 書き手や読み手の様々な関わりを経る……4点

e 自然にできあがる……2点

問七 7点

Brush Up 4 『安全学』村上陽一郎

→ 基本編 p116

問一 b「搾取」やd「矯正」の意味を基本編p122で確認しておこう。

問二 「啓蒙」とは〈蒙（＝人々の無知や迷信）を打破して啓発する〉という意味である。（→基本編p122）。したがって空欄前後は〈無知や迷信にとらわれた人々〉に近い意味になるはず。また、二つの空欄は「無□蒙□」という形で四字熟語を形成する。以上の条件にふさわしい表現は「無知蒙昧《むちもうまい》」である。「無知蒙昧（な）」とは〈知識が無く道理を知らない〉という意味になるので、右の条件に適合している。したがって正解はxが「知」yが「昧」になる。

問三 「イデオロギー」とは、特定の〈観念形態・思想傾向・政治的な主義〉を意味するが（→基本編p122）、その代表的な例が、①〜③の言葉である。

①の「民主主義」は、〈民衆が権力を持ち行使する政治のあり方〉を意味するが、特に現代では〈民衆の自由と平等を尊重する立場〉としても用いられるようになった。正解はイ。

②の「全体主義」は「ファシズム」とも言い、①とは逆に、〈全体（＝国家・民族）を絶対的に優位なものとして捉え、個人の自由や権利を無視して統制する政治のあり方〉を意味する。正解はニ。ハは西欧の絶対君主政体の説明であり、全体主義とは異なる。

③の「共産主義」は〈私有財産を否定し、財産を共有することで平等な社会をつくろうとする思想〉を意味する。正解はロ。なおホは「資本主義」の説明になっている。

もっと知識を広げる

入試では、「民主主義」「全体主義」「共産主義」「資本主義」などの、政治・経済的なイデオロギーの知識を当然の前提とする文章が頻出するので、これらのイデオロギーの基本的な知識はしっかり習得しておきたい。他にも、次のような用語を押さえておこう。

ナショナリズム＝自民族や国家の統一・独立・発展を重視する主義（国家主義・民族主義）

リベラリズム＝自由主義

なお今日では、「イデオロギー」というと、〈難解で敬遠すべきもの〉、〈よくないもの〉と否定的に捉えられる風潮がある。しかし、右に述べた「民主主義」や「自由主義」など、今日の社会の自明の前提として肯定されている政治思想も「イデオロギー」に属するものである。その点を忘れてはならない。

問四 イは「みうち」と訓読みし、〈家族・親類・親しい者〉という意味になる。ロは「きょうきん」と読む。〈胸のうち・胸とえり〉を意味する語だが、「胸襟を開く」で〈心中をうちあける〉という意味の慣用表現になることも覚えておきたい。これが音読みの熟語なので、正解になる。ハは「しおどき」と訓読みし、〈ちょうどよい時期・好機〉という意味になる。ニは「うらはら」と訓読みし、〈背中合わせ〉もしくは〈正反対なさま〉という意味になる。ホは「ことだま」と訓読みし、〈言葉に宿る霊力〉という意味になる。

知識へのアクセス④

漢字の読みの音訓を間違えないよう、注意しよう

問五　甲　を含む2では、「西欧の歴史においても……とくにキリスト教の支配するヨーロッパにあっては……自然は、人間の制御や支配の能力を超えたものとして、ある程度以上の自然への人為の介入は忌避され、あるいは諦められていた」と書かれている。ところが、筆者は5で「一七世紀までのヨーロッパの自然に対する姿勢が、一八世紀になって急旋回を遂げた」と述べ、9で「一八世紀」になると、人間は「自己の欲望を解放し、解放された欲望の充足のために、自然をできる限り支配し、制御し、搾取することを、自らの課題とすることになった」と述べている。つまり**一八世紀に、それまでの自然を尊重する発想から、自然を支配する発想への大転換が生じた**のである。したがって正解はニになる。この設問は、空欄補充問題だが、前後の文脈だけでは解答が定まらない。**正解へのアクセス⑨**に従い、**本文全体の主旨に即して解答を考える必要**がある。

他の選択肢については、イ・ハだと、一七世紀までの自然観が一八世紀以降も続いていたことになるので×。ホも一八世紀の大転換がなかったことになるので×。ロは「『自然』を尊ぶ『文明』が興隆」していたのは一七世紀以前のことなので×。

問六　傍線部説明問題ではないが、**正解へのアクセス⑫（同じ話題や語句が出てくる箇所に注目しよう）**に従い、「キリスト教」を話題としている箇所に注目する。「キリスト教」についての説明は、まず、2に「**創造主である神の計画に支配されている自然は、人間の制御や支配の能力を超えたものとして、ある程度以上の自然への人為の介入は忌避され、あるいは諦められていた。むしろ自然のなかで人為を如何に生かすか、ということに人々は腐心していた**」（A）とある。したがって、以上の内容に合致するイがまず正解になる。

さらに、**読解へのアクセス②**に従い、キリスト教と啓蒙主義との**対比関係**に注目しよう。問五で見た一八世紀の発想の大転換において、啓蒙主義者が「攻撃目標に定めたのは、キリスト教そのものだった」（6）とある。その結果「人間理性を至上のもの」（6）とする発想が生じたわけだが、8に「ここ（＝啓蒙主義のイデオロギー）には、神の被造物としての『自然』への畏敬はすでにない。自然の前の人為の無力さを自覚するような謙虚さもない。」と書かれている点に注目しよう。逆に言うと、啓蒙主義以前の時代において支配的であった「キリスト教」の教義には、「**神の被造物としての『自然』への畏敬**」や「**自然の前の人為の無力さを自覚するような謙虚さ**」があった（B）ということになる。したがって、Bに該当するホがもう一つの正解になる。

ロは、3に出てくるリン・ホワイト・ジュニアの意見に合致しているが、筆者は5で「この言い分は……根本的な欠陥がある」と述べているので、「筆者の見解」に合致しない。

ハは、「自然の脅威に対して、人間がそれを制御し支配すべきだ」が明らかにAと矛盾する。

ニは「神が世界の管理を人間に委託したという教えはなく」が×。3に筆者の見解として、「ユダヤ・キリスト教の伝統のなかには、神が世界……の管理を人間に委託したという思想が含まれている」と書かれている。

問七　まず、「キリスト教的自然観」については、**問六**で見たとおり、2と8に注目。特に［Ⅰ］の直前が「神の」となっているので、8の「神の被造物としての『自然』への畏敬」という表現が注目される。直後の「……べきだ」に続く表現に整えると、「被造物としての自然を畏敬す（る）」になる。これが正解。

次に、「啓蒙主義的自然観」については、**問五**で見たとおり、9に「人為の優越性と、自然のそれに対する従属性という概念を柱に、人間は、自己の欲望を解放し、解放された欲望の充足のために、自然をできる限り支配し、制御し、搾取することを、自らの課題とすることになった」と書かれていた。特に「自然観」が問題なので、まずは、**a〈人為の自然への優越性〉**という自然の見方を示す。（なお、**a**について、「人間が欲望を解放」とのみ書いた場合は、「自然観」の説明にならないので、1点とする。くれぐれも**正解へのアクセス⑭**や⑯に従い、記述問題では**重要なポイントを優先し、問われていることに適合しないことは答えないこと**。）さらに、［Ⅱ］の直後が「を課題とした」になっているので、右の9の引用の後半部分から、**b〈自然の支配・制御・搾取〉**「を課題とした」とまとめあげるといいだろう。

【解答】

問一　a　はぐく　b　さくしゅ　c　傲慢　d　矯正
問二　x　知　y　味
問三　①　イ　②　ニ　③　ロ
問四　ロ
問五　ニ
問六　イ・ホ
問七　Ⅰ　被造物としての自然を畏敬す（る）（13字／14字）
　　　Ⅱ　人間が自然に優越し、人間が自然を支配し搾取すること（25字）

【配点】

問一　8点（2点×4）　　問二　4点（2点×2）
問三　9点（3点×3）　　問四　3点
問五　7点　　問六　7点
問七　12点
　Ⅰ　a　被造物……3点
　　　b　自然を畏敬（＝尊重）す（る）……3点
　Ⅱ　a　人間が自然に優越・自然が人間に従属……3点
　　　　※「人間が欲望を解放」のみは1点
　　　b　人間が自然を支配（＝搾取・制御）……3点

Brush Up 5 『子ども観の近代』河原和枝

↓ 基本編 p126

問二 「狡猾」は、〈悪賢く、ずるい〉という意味。これと対照的な意味となるには〈悪い、ずるい〉と〈賢い〉という二つの要素に関して反対のニュアンスを含んでいることが条件となる。イ「愚直」は、〈おろかなほど正直〉という意味である。〈おろか＝賢くはない〉および〈正直＝ずるくない〉と二つの要素のいずれにも対照的なニュアンスを含んでいるので、これが正解。

ロ「賢明」は〈賢く聡明〉で、「狡猾」と対照的な意味はない。

ハ「純粋」は〈悪い、ずるい〉に対応しても、〈賢い〉に対応しない。

ニ「不器用」は〈ずるい〉〈賢い〉のいずれについても対応しない。

ホ「天衣無縫」は〈詩文などで、技巧のあとがなく素晴らしい出来栄えであること、転じて、飾り気がなくありのままであること〉という意味で、〈ずるい〉に関して多少は対照的なニュアンスがあるとしても、〈賢い〉とは対応しない。

問三 ハ「古希《こき》」とは、中国の詩人・杜甫の「人生七十古来稀なり」という詩句に由来し、七十歳の意味がある。したがって、これを五十歳とするハは、年齢の呼称として適当ではない。

その他、イ・ロは論語を典拠とした呼称で、ニ「還暦《かんれき》」は、誕生した年の干支《えと》と同じ干支になるには六十年かかるということから、六十歳の意味となる。「本卦《ほんけ》がえり」とも言う。また、ホ「米寿《べいじゅ》」の「米」という文字は、「八」「十」「八」という形に分解できるので、八十八歳を意味する。

もっと知識を広げる

ここでさらに年齢の呼称の知識を整理しておこう。

論語には「われ十有五にして学に志す、三十にして立つ、四十にして惑わず、五十にして天の命じるところを知る、六十にして耳順《したが》う、七十にして心の欲する所に従って、矩《のり》をこえず」という有名な一節がある。これを典拠に、「志学《しがく》＝十五歳」「而立《じりつ》＝三十歳」「不惑《ふわく》＝四十歳」「知命《ちめい》＝五十歳」「耳順《じじゅん》＝六十歳」「従心《じゅうしん》＝七十歳」という呼称が用いられることがある。

また、「米寿《べいじゅ》」と同様に、「喜」の草書体「㐂」が「七十七」に似ているところから「喜寿《きじゅ》＝七十七歳」。「傘」の略字である「仐」が「八と十」に分解できることから「傘寿《さんじゅ》＝八十歳」。「卒」の俗字「卆」が「九と十」に分解できることから、「卒寿《そつじゅ》＝九十歳」。「白」が「百」の字の一番上の「一」を減らした形になることから「白寿《はくじゅ》＝九十九歳」という呼称もある。こうした知識は、ばらばらに覚えるよりも、呼称の理由や典拠に基づいて理解すると覚えやすいだろう。

問四 イには「未知」、ロには「未完」、ハには「未見」、ホには「未詳」（＝まだ、詳しくはわかっていないこと）という熟語がそれぞれあり、「非情」という熟語はあるが「未情」という表現は通常用いないので、「未」と熟語を作らないのは、ニ「情」である。

問五 カテゴリーは通常、〈同じ性質のものが含まれる範囲。分類範囲〉という意味の「範疇《はんちゅう》」と言い換えられる。

問六　まず、**正解へのアクセス②**により、**設問をよく読み、何が問われているのかを正確につかもう。**設問から、現在のわれわれ（ここでは大人）が、「子ども」を特別扱いし、「愛情と教育」を注ぐことに関連した内容に注目しなければならない。

1では、「子どもは純真無垢であるという観念が働いてしまい」、「子どもを大人とは違った特別な存在と見る」とある。これに類似した内容として、傍線部を含む6で、子どもは「無知で無垢な存在とみなされて大人と明確に区別され」たとある。

また、4では、「子どもは未熟であり、大人によって社会の荒波から庇護され、発達に応じてそれにふさわしい教育を受けるべきである」とある。以上の内容を整理すると、

a　**子どもは純粋無垢な存在**

b　**子どもは無知あるいは未熟**

c　**（a・bなので、）社会の厳しさから庇護されるべき**

d　**（a・bなので、）発達に応じた教育を受けるべき**

というポイントが得られる。a・bとc・dをそれぞれまとめ簡潔に表現するように。また、理由説明に対応するように文末も注意しておこう。

問七　順番に選択肢を吟味していこう。

イ　「かつて子どもが純真無垢でいられた時代」が×。1には、「ただ無垢な存在であったとはとうてい思えない」とある。

ロ　「社会や文化から求められている規範に従うこと」に、「抑圧と虚《むな》しさを感じている」が×。社会的な規範に従うことに対してどのような心情を抱くかについて、本文では一切述べられていない。

ハ　「能力は大人に劣らないとされていた」が×。6には、「子どもは大人と較べて身体は小さく能力は劣る」とある。

ニ　「西欧では」「学校制度を通じて～均質な国民意識を抱かせるのに成功した」が×。学校制度の役割が述べられているのは日本のことであり、西洋の学校制度が「均質な国民意識を抱かせる」かどうかについては、本文で一切ふれられていない。

ホ　最終段落では、政府の教育政策により、「異質な世界にあった子どもたち」が「学校という均質な空間に一挙に掬い」とられ、「義務教育の対象として、制度的に生み出された」と述べられている。この選択肢は以上の内容に合致しており正解。

問八　**正解へのアクセス②（設問をよく読み、何が問われているのかを正確につかもう）**に従い、日本における教育が述べられている、7～9を中心に、その内容を押さえていこう。

7では、近代西欧の子ども観の影響を受けながらも、西欧とは異なったプロセスで子ども観＝子どもの扱いが変化したとある。

8では、封建社会の子どもたちは、所属する階層や男女の別に応じて、それぞれふさわしい大人になるようにしつけられたとある。

9では、明治の学校制度により、異なる所属階層であっても、子どもたちは学校という均質な空間で、近代国家を担う国民の育成をめざし教育されたとある。

設問では、教育における変化の説明の完成が求められている。したがって、解答の枠組みとしては、〈封建社会における所属ごとの教育が、明治には、近代西欧の子ども観の影響を受けながらも、日本政府の政策による国民養成のための教育となった〉となる。

ただし、ここで、**記述問題は中身の濃いものを**という**正解へのアクセス⑬**に注意しよう。枠組みの中にある「近代西欧の子ども観」については、6で、「特別な愛情と教育の対象として子どもをとらえる見方」が「近代の西欧社会で形成された」とある。こうした内容をふまえることで、「近代西欧の子ども観」について中身の濃い説明ができるのである。以上を整理すると、次の内容にまとめられる。

a　封建社会では、所属階層や男女の別に応じて教育されていた

b　明治以降は、子どもを愛情と教育の対象と見る近代西欧の影響を受けながらも、政府による教育があった

c　学校という均質な空間で近代国家を担う国民の養成のために教育された

これらを、与えられた文章に適合するように、Ⅰには**a**を、Ⅱには**b**を、Ⅲには**c**を、制限字数に応じて、順次まとめていけばよい。

【解　答】

問一　a　発揮　b　編成　c　尊重　d　奉公　e　施

問二　イ

問三　ハ

問四　ニ

問五　ホ

問六　大人が、子どもを純粋無垢で無知な存在であり、社会の厳しさから守られ、発達に応じた教育を受けるべき存在と見ているから。（58字）

問七　ホ

問八　Ⅰ　所属階層や男女の別に応じて（13字）

Ⅱ　子どもを愛情と教育の対象と見る（15字）

Ⅲ　学校という均質な空間において近代国家を担う国民になるように（29字）

【配　点】

問一　10点（2点×5）

問二　4点

問三　4点

問四　4点

問五　3点

問六　10点

a　子どもは純粋無垢な存在……2点

b　子どもは無知あるいは未熟……2点

c　社会の厳しさから庇護されるべき……3点

d　発達に応じた教育を受けるべき……3点

問七　5点

問八　10点

Ⅰ　**a**　封建社会では所属階層や男女の別に応じている……3点

Ⅱ　**b**　子どもを愛情と教育の対象と見る……2点

Ⅲ　**c**　学校という均質な空間で教育……2点

d　近代国家を担う国民になるように……3点

Brush Up 6 『仮説の文学』安部公房

→ 基本編 p 138

問一 「絵そら事」とはすべて漢字にすると「絵空事《えそらごと》」になる。もともとは〈描かれた絵は、誇張や作為が加わっていて実際の物事とは異なること〉を意味したが、一般に〈実際にはありもしないうそ・大げさなこと〉という意味で用いられる（→**基本編**p144）。「空事《そらごと》」も同じ意味。これに最も近い意味の四字熟語が正解となる。

イの「支離滅裂《しりめつれつ》」は〈筋道が立たず、ばらばらな様子〉を意味する。

ロの「言語道断《ごんごどうだん》」は〈もってのほかであるさま〉を意味する。

ハの「前代未聞《ぜんだいみもん》」は〈これまでに聞いたことがないさま〉を意味する。（→**基本編**p39）

ニの「荒唐無稽《こうとうむけい》」は〈根拠がなく、でたらめで現実性もないさま〉を意味する（→**基本編**p39）。これが「絵そら事」に一番近い意味の語である。

ホの「抱腹絶倒《ほうふくぜっとう》」は〈腹をかかえてひっくり返るほど大笑いすること〉を意味する。

問二 「不」のつく語を順番に見ていこう。

イは「不謹慎」で〈不注意で慎みに欠けること〉、ハの「不得手」は〈不得意〉、ニの「不案内」は〈知識や心得がなくて様子や事情がわからないこと〉を意味する。

ロの「存在」の場合は「不」ではなく「非」を使い「非存在」（＝存在しないもの）となる。同様にホの「暴力」も「非暴力」（＝暴力を用いないこと）、への「公開」も「非公開」（＝公開しないこと）となる。したがって正解はロ・ホ・へになる。

知識へのアクセス⑤ 言葉の接頭語の意味に着目しよう

言葉の接頭語のうち、特に「反〜・不〜・非〜・無〜・没〜」など直後の語を逆の意味にする接頭語は重要である。「超〜（〜を超えているさま）」や「間《かん》〜（〜が関係づけられるさま）」などの接頭語の意味にも注意しよう。

問三 「弁証法」の意味は、**〈物事の対立や矛盾を前提に、それを克服・統一していこうとする発展的な考え方〉**である（→**基本編**p144）。空欄には直前の「対立」に近い表現が入るので、正解は傍線部の前の行にある「矛盾」になる。

問四 「自然主義」に属する作家は、最小限、『破戒』を書いた島崎藤村と、『蒲団《ふとん》』を書いた田山花袋《かたい》を覚えておくこと（詳しくは、**基本編**p145参照）。むろん正解はロである。

イの夏目漱石とホの森鷗外はいずれも自然主義に対して批判的な立場で文学活動を行っていたし、ハの谷崎潤一郎は耽美《たんび》派の作家、ニの二葉亭四迷は写実主義の作家で、いずれも「自然主義」に属する作家ではない。

知識へのアクセス⑥
まずは、明治二十年前後から大正末までの、基本的な文学史の知識をおさえておこう

文学史は深入りするときりがないので、無理をせず、写実主義・自然主義・耽美派・白樺派などの基本的な文学流派と、それに属する主要作家や作品についての知識を最小限押さえておくといいだろう。

問五　「科学と妖怪の世界」についての説明として適当でないものを選ぶ設問なので気をつけよう。くれぐれも正解へのアクセス②**「設問をよく読み、何が問われているのかを正確につかもう」**。「科学と妖怪の世界」の関係については、正解へのアクセス⑫**「傍線部と同じ話題や語句が出てくる箇所に着目しよう」**に従うと、[3]〜[5]が該当箇所になる。要点を整理していこう。

a　「異常な世界」に挑戦するのが科学であり、「科学と対立しているのは、異常世界などではなく、むしろ、異常との対決をこばみ、無視し去ろうとする、日常の保守的生活感情」である（[3]）。

b　「日常世界」は「科学の世界よりは異常に近く、妖怪の世界よりは正常に近い」が、「科学と妖怪の世界」は「機能においては意外に共通性をもっている」（[5]）。

c　「日常世界」という「ヌエ的秩序ではもはや包みきれなくなった、現実のエネルギーが、本能的にあらわれた場合、それが妖怪の世界になり、知的にあらわれた場合に、科学の世界になる」のであり「日常の破壊者の役割」をはたす（[5]）。

d　両者は「一見矛盾しあった、二つの世界」（〈知的合理的な科学〉と〈異常で非合理的な妖怪の世界〉）だが、「互いに打ち消し合う関係にあるというよりは、むしろ弁証法的に支え合い」ながら、「日常の破壊者」の役割を果たす（[5]）。

こうした関係からみて、ロが×になる。「科学と妖怪の世界」が「いずれも不真面目で異常な世界である」という内容は、bの「日常世界」が「科学の世界よりは異常に近い」というポイントに反している。科学は「異常」を知的に探究するが、科学そのものが「異常な世界」なのではない。他の選択肢は、イはcに、ハはdに、ニはaに、ホはbに、それぞれ合致している。

「科学」と「妖怪の世界」は一見対比的な関係に見えるが、共通する面もある。くれぐれも、単純な対比的関係だと決めつけたりせず、読解へのアクセス③に従い、**先入観を排して本文を正確に読みとることが重要である。**

問六　正解へのアクセス⑫**「傍線部と同じ話題や語句が出てくる箇所に着目しよう」**に従うと「空想科学小説」について書かれているのは、[6]・[7]なので、ここに注目しよう。筆者は「空想科学小説」を古代から脈々と続く「仮説の文学伝統」に連なるものであり、「自然主義文学」などとは異なるものだと捉えている。そして最終的に「空想科学小説の興隆」が「崩壊しつつある」「日常の秩序の反映」ではないかと考えている。したがって正解はホになる。

イは、「怪談」が「科学の成果」と結びつくものだとは書かれていないので×。

ロは、「とるに足らない」が×。筆者は「仮説の文学伝統」に連なり、

「崩壊しつつある」「日常の秩序の反映」として、「空想科学小説」を重要なものだと考えているのである。

ハは、「自然主義文学」と「空想科学小説」とが、右に見たとおり異なるものなので×。

ニは、「怪談を基盤に」生まれた「新たな文学」という説明が×。「空想科学小説」の基盤は「仮説の文学伝統」で、昔からある伝統の「今日的表現」なのである。

問七　百字という字数指定では、あまりたくさん内容を入れられないので、指定された内容を中心に、本文の重要な内容のみを入れていこう。

まず本文は、1～5で、設問で指定された「科学」の世界と「妖怪」の世界の関係が論じられている。これについては問五で見たとおり、**a〈非合理な妖怪の世界・異常な世界〉**と**b〈合理的で正常な科学の世界〉**が**c〈保守的な日常的秩序を破壊する共通点がある〉**とまとめるといいだろう。

次に6・7は、設問で指定されている「空想科学小説」について論じている。これについては、問六でみたとおり**d〈文学の本流である仮説の文学に属する〉**ものであり、**e〈怪談と共通〉**して、**f〈日常の秩序の崩壊を反映〉**するものだという点を示してほしい。

【解　答】

問一　ニ　　問二　ロ・ホ・ヘ

問三　矛盾　　問四　ロ　　問五　ロ　　問六　ホ

問七　非合理な妖怪の世界と合理的で正常な科学の世界は、保守的な日常的秩序を破壊する点で共通する。文学の本流である仮説の文学に属する空想科学小説も、怪談と共通性があり、日常の秩序の崩壊を反映して興隆している。（100字）

【配　点】

問一　3点　　問二　4点　　問三　4点

問四　3点　　問五　9点　　問六　9点

問七　18点

a　妖怪の世界＝非合理・異常……………………3点

b　科学の世界＝合理的・知的・正常……………3点

c　abは日常（的秩序）を破壊する点で共通する……3点

d　空想科学小説＝仮説の文学伝統に所属……………3点

※「空想科学小説は文学の本流である」のみは1点

e　dは怪談と共通する……………………………3点

f　日常の秩序の崩壊を反映している……………3点

Brush Up 7

『二十一世紀の資本主義論』岩井克人 → 基本編 p150

問二 〈一度に巨額の利益を得ること〉を意味するのは、「**一攫千金**《いっかくせんきん》」なので、「一」と「千」の組み合わせのものを選べばよい。正解はニの「**一日千秋**《いちじつせんしゅう》」。〈一日がとても長く感じられること〉という意味で、特に強い思慕の情から待ち焦がれる気持ちを指すときに使う。「千秋」は千年という意。「いちにちせんしゅう」とも読む。

　他の選択肢は以下のとおり。いずれも重要な四字熟語である。覚えておこう。

イ 「一朝一夕《いっちょういっせき》」…（「一日か一晩か」の意から）期間が短くて速いこと。わずかの時間。この例文のように、打消を伴う表現となることが多い。

ロ 「唯一無二《ゆいいつむに》」…ただ一つで、二つとないこと。「唯一」を強めていう表現。「唯一不二」や「唯一無双」という語もある。

ハ 「千差万別《せんさばんべつ》」…さまざまな違いがあること。

問三 〈相手が事を行う直前に行動を起こし、相手の計画や気勢を抑えること〉を意味するのは、「**機先**《きせん》**を制**《せい》**す（る）**」。「機先」は、〈物事がまさに起ころうとする直前〉という意。類似した表現には、本文の「先駆《さきが》ける」以外に、「先手《せんて》を打つ」「先制《せんせい》」「先《さき》んじる」などがある。

問四 「パラドックス（逆説）」は、〈一見、論理や常識に反しているように見えるが、よく考えてみると一種の真理を言い表しているような説明や表現〉のことである（→基本編p155）。筆者によって用い方に多少の差があるが、〈常識に反していること〉や〈矛盾〉といった意味で用いられることが多い。したがって、最も近い意味になるのは、〈同じ人の言行が前と後とでくいちがって、つじつまが合わないこと〉を意味する「**自家撞着**《じかどうちゃく》」。「撞着」は「矛盾」という意。正解はロ。

　他の選択肢は以下のとおり。**知識へのアクセス②**〈漢字の意味を知ろう〉をふまえて理解を深めていこう。

イ 「毀誉褒貶《きよほうへん》」…ほめたり、悪口を言ったりすること。「誉」「褒」は〈ほめる〉、「毀」は〈そしる〉、「貶」は〈けなす〉という意。

ハ 「同工異曲《どうこういきょく》」…手法や技量は同じでも、趣や味わいは異なること。転じて、〈見かけは異なっていても内容はほとんど同じ〉という意味でも用いられる。

ニ 「牽強付会《けんきょうふかい》」…自分の都合のいいように、強引に理屈をこじつけること。

ホ 「支離滅裂《しりめつれつ》」…ばらばらになってまとまりがつかないこと。

知識へのアクセス⑦ 類語を覚えていこう

　辞書を引いてみると、類似した表現が挙げられている場合があることに気づくだろう。こうした言葉を一つひとつ確認しておこう。問三や問四で見たように、言い換えになる表現を知れば知るほど、語彙《い》力は豊かになる。言葉どうしが結びついていくと、言葉の世界はぐんと広がり、言葉を覚えることもがぜん面白くなるはずだ。

問五　空欄の直前と直後の内容のつながりをよく考えよう（正解へのアクセス④）。X に入るのは、「合理的な投機家」にとって**重要ではないこと**。まず、この点をしっかりおさえよう。

X の直後からわかるように、「合理的な投機家」にとって重要なのは、〈自分と同じように合理的に思考するほかの投機家が、モノの過不足をどのように予想するかを予想し、それに先駆けて売り買いすること〉である。したがって、この内容に合致するイ・ロ・ニ・ホは、「合理的な投機家」にとってむしろ重要なことになってしまうので、X には入らない。

正解は、ハの「**将来モノ不足になるかモノ余りになるかを自分がどう予想するか**」である。これを重視するのは、たんに生産者からモノを買って、モノ不足になったときに高値で消費者に売って、その差額で儲けるような、「牧歌的な（＝素朴な）市場」における投機家である。

問六　選択肢の言葉の意味を確認しておこう。

イ「齟齬《そご》」…くいちがうこと。
ロ「牽引《けんいん》」…引っぱること。
ハ「攪乱《かくらん》」…かきみだすこと。
ニ「席巻《せっけん》」…かたはしから領土を攻め取ること。
ホ「乖離《かいり》」…そむき離れること。

甲 には、投機家同士が予想の予想という高度な予想をするような市場における、市場価格と「実際のモノの過不足の状態」との関係を言い表した言葉が入る。3 の最後の一文に注目すると、「市場価格は実体的な錨《いかり》を失い」とあるので、**市場価格が実際のモノの過不足の状態から離れた状態にある**とわかる。正解は、ホ「乖離」。

イの「齟齬」は、「両者の意見に齟齬をきたす」とか「両者の間に齟齬がある」とかいった用い方をする。「〜から齟齬する」という言い方はしないので注意しよう。

乙 には、前後の〈**市場価格が乱高下《らんこうげ》しはじめると、消費や生産といった実体経済、ひいては経済全体が不安定になる**〉という内容から、ハ「攪乱」が入る。乱高下する市場価格が実体経済をかきみだせば、当然、経済全体は不安定になる。ロの「牽引」やニの「席巻」は、〈不安定になる〉ことと直接結びつかないので×。

問七　設問をよく読み、何が問われているのかを正確につかもう（正解へのアクセス②）。ここで問われているのは、「社会全体の非合理性」がどのような事態を指しているか、である。「非合理（＝論理に合わないこと。理性によってとらえることのできないこと）」という言葉に着目すれば、これが、〈市場価格が実際のモノの過不足の状態とは無関係に、乱高下（＝相場が短期間のうちに激しく上下すること）する事態〉を指すとわかるだろう。20行目の「**市場価格の乱高下**」（8字）が正解になる。

なお、17行目の「予想の無限の連鎖」（8字）は正解にならないので気をつけよう。「予想の無限の連鎖」とは、傍線部A直前にあるように、「投機家同士がおたがいの行動を何重にも予想しあう」という事態を指し、「個人の合理性の追求」のことである。その意味で、傍線部Aの「非合理性」とはまったく正反対の内容なのである。

また、29行目の「本来的に不安定性」（8字）も正解にならない。「本来的に」は「つきまとう」に結びついているのだから、修飾関係を分断するような形で抜き出さないように注意しよう。

問八　要約問題

短い字数で本文を要約するとき、何を書くべきか迷うことがあるだろう。そんなときには、次のことを念頭に置いて書くべき要素を考えてみてほしい。

要約の基本　重要な要素を優先しよう

要約とは、そもそも「要点」を「約《つづ》める」という意味。要約するさいに大切なのは、まずは本文の最も重要な内容（＝主旨）を盛り込むことである。たとえば、この本文の中心には、ケインズが指摘した「合理性のパラドックス」がある。だから、要約の字数の多寡にかかわらず、この内容は必ず盛り込むべき必須要素となる。この設問を参考にして、**本文の主旨を書き出してみよう。**その内容を中心にしつつ、字数に応じて、詳しい説明を加えて、中身の濃い要約にするようにしよう。

この設問では、ケインズが示した「パラドックス」の内容が問われている。この内容が説明されているのは、3・4である。「結果、かえって」という表現をふまえて、Ⅰには市場における「個人の合理性の追求」を、Ⅱにはそれによってもたらされる「社会全体の非合理性」をそれぞれ説明すればよい。

四十字以内でそれぞれまとめると、次のようになる。

Ⅰ　合理的に考える個々の投機家同士が、おたがいの行動を何重にも予想しつつ行動する

↓　「結果、かえって」

Ⅱ　市場価格が実際のモノの過不足とは無関係に乱高下し、経済全体が非合理的になる

【解答】

問一 a 牧歌 b 徹底 c 利己
問二 ニ
問三 x 機 y 制
問四 ロ
問五 ハ
問六 甲 ホ 乙 ハ
問七 市場価格の乱高下
問八 Ⅰ 合理的に考える個々の投機家同士が、おたがいの行動を何重にも予想しつつ行動する（38字）
Ⅱ 市場価格が実際のモノの過不足とは無関係に乱高下し、経済全体が非合理的になる（37字）

【配点】

問一 6点（2点×3）
問二 4点
問三 4点（完答）
問四 4点
問五 7点
問六 6点（3点×2）
問七 7点
問八 Ⅰ 6点
＊〈投機家同士が予想し合う〉という内容があれば可。
＊投機家が「合理的（に考える）」であることがどこにも書かれていない場合は、2点減。
Ⅱ 6点
＊〈市場価格が乱高下する〉または〈経済全体が不安定になる〉という内容があれば可。
＊「市場価格が実際のモノの過不足と無関係になる」という内容がない場合は、2点減。

Brush Up 8 『子規からの手紙』如月小春

→基本編p160

問一　b「臨場感」は、〈実際にその場に臨《のぞ》んでいるような感じ〉。cは〈物事を好都合に見ること〉という意味だから、「楽感」ではなく「楽観」と書く。

問二「俯瞰」とは、〈高いところから全体を見渡す〉という意味。鳥のような視点でものを見下ろすという意味でもあるため、「鳥瞰」ともいう（→基本編p168）。

問三　ハの「特定の文化の体系のなかで通じる約束事」のことは、一般に「コード」という。したがって、このハが「メディア」の説明としては「誤っているもの」である。他の選択肢はすべて、「メディア」という言葉についての説明になっている。この言葉は現代文では多様な意味で用いられるので、イ・ロ・ニ・ホの用法をすべてしっかり覚えておくようにしよう。

問四　イ「和魂洋才」は、〈日本固有の精神（＝和魂）をもって、西洋の知識や学問（＝洋才）を学ぼうとする態度〉のこと。明治期の日本においてしばしば唱えられたスローガンである。また、ハ「富国強兵」（＝国を富ませ兵力を強めること）と、ニ「殖産興業」（＝生産を増やし産業を盛んにすること）も、やはり近代日本において掲げられていた目標である。

近代化のためのスローガンとして「ふさわしくないもの」は、ロの「温故知新」。これを訓読すると「故《ふる》きを温《たず》ね新しきを知る」となり、〈昔の物事を学び、そこから新しい知見を得ようとする〉という意味である。「明治期の日本における近代化」とは、基本的には西洋から新しいものを学ぼうとする動きであったから、〈昔の物事から学ぼう〉という意味をもつ「温故知新」は、そうした動きとはむしろ逆の方向性をもつものだといえるだろう。

問五　夏目漱石の作品は、ロ『三四郎』と、ヘ『明暗』。後者は未完の大作であり、漱石の絶筆として知られる作品である。

他の作品は、イ『浮雲』が二葉亭四迷、ハ『高瀬舟』が森鷗外、ニ『蒲団』が田山花袋、ホ『夜明け前』が島崎藤村の作品。どれも文学史の問題で頻出するものなので、しっかりと覚えておこう。

問六　ハの『若菜集』は、島崎藤村の詩集。したがって、このハが、正岡子規についての説明としては「正しくないもの」である。

他の選択肢はすべて、子規についての正しい説明である。子規のような大作家の場合、文学史的な知識が直接問われるだけでなく、彼らのことを論じた文学論などが入試で出題されることもある。その意味でも、文学史についてはできるだけ関心をもってほしい。

知識へのアクセス⑧

文学史の学習では、すべてをまんべんなく暗記しようとせず、まずは夏目漱石・森鷗外・芥川龍之介・正岡子規などの重要な作家を中心に覚えるようにしてみよう

問七　各選択肢を本文と丁寧に照合すること。

イ　「パノラマ」が「日清戦争などの情景を描き出」していたことは事実だが、それが「日本が危険な方向へと向かおうとしていることを暗示する」ものだったわけではない。むしろ当時の日本人は、「アジアを侵略することで資本主義社会としての成功を手に入れること」について、「危険とジレンマを予想だにしない」ような態度をとっていたのである（47〜49行目）。

ロ　シキが「東京のさまざまな風物をただ片っ端から見よう」としていたことは19〜30行目に述べられているが、31行目ではそのことを受けて、「ここには、変わりつつあった東京を、博覧会的に俯瞰する眼差しがある」と書かれている。つまり、博覧会的な眼差しとシキの眼差しとは、「対照的」なものではなく、むしろ共通点をもったものなのである。

ハ　「見る者ではなく見られるものになってしまった」が×。ソーセキが自意識を混乱させたのは、彼が「見る者であると同時に見られる者ともなった」からである（12行目）。

ニ　シキが「日本を離れられなかった」は50行目の内容に合致し、彼の眼差しに「明るく健康的なところ」というのも、49行目などの内容に合致している。そして実際にヨーロッパに行ったソーセキの眼差しが「屈折」していたというのも、10行目に述べられている。したがって、これが正解である。

ホ　「日本を基準にすれば、西欧も見られるだけの矮小な存在に成り下がってしまう」が、本文に述べられていない内容である。

問八　設問をよく読み、何が問われているのかを正確につかもう（正解へのアクセス②）。傍線部には二人の「見たもの」が違っていたとあるが、設問には微妙な指示が付いている。シキの場合、「病床に釘づけ」になっていたため、実際には見たいものを見ることができなかった。だから、彼が「何を得よう」としていたかが問われている。これに対してソーセキについては、「何を発見したのか」が問われている。そして「発見」という言葉が10行目と15行目に出てくるという点に注目しよう。

まず、シキについては、20〜21行目、31〜33行目、さらに50〜51行目などから、次のようにまとめることができる。

シキの得ようとしていたもの

a　近代化のなかで広がり続ける世界を見られるような
b　新しい知覚体験

これに対してソーセキについては、8〜9行目や15〜17行目から、次のようにまとめることができる。

ソーセキの「発見」したもの

c　西欧から見れば、日本は序列化された世界の端に位置するばかりの、見栄えのしない小国だということ
d　日本人（である自分）も見栄えがしないということ

以上のa〜dをまとめる。制限字数がかなり短いが、その中でできるだけわかりやすくまとめるよう、工夫してみてほしい。

【解　答】

問一　a 変貌　b 臨場感　c 楽観
問二　イ
問三　ハ
問四　ロ
問五　ロ・ヘ
問六　ハ
問七　ニ
問八　シキは、近代化のなかで拡大する世界を渇望し、新しい知覚体験を得ようとしたが、ソーセキは、日本が西欧を基準に序列化された世界の端に位置する小国にすぎず、日本人も見映えのしない存在だということを発見した。(100字)

【配　点】

問一　6点(2点×3)
問二　4点
問三　6点
問四　4点
問五　6点(3点×2)
問六　6点
問七　6点
問八　12点

a　シキ＝近代化のなかで広がり続ける世界を見る……3点
・「旺盛な知識欲をもって世界を渇望する」なども可。
・「欧米を規範とした新しい都市創造への関心」なども可。

b　シキ＝新しい知覚体験を得ようとした…………3点
・「今までになかった視覚体験」も可。

c　ソーセキ＝日本が西欧を基準に序列化された世界の端に位置する小国にすぎないということを発見…………3点
・「西欧を基準にすると」「西欧から見ると」という内容がないものは1点。

d　ソーセキ＝日本人(自分)が見映えのしない存在だということを発見……………………………3点
・「日本人が黄色人種である」は1点。

次は
Follow Up!

Follow Up 1 『身体の復権』高階秀爾

設問の解説

問一 a「祭壇」は、神事や仏事のために設けられた壇。b「享受」は、受けいれること。c「画然」は、はっきりと区別されているさま。「画」という字には線を引いて区別するという意味があり、「画定」や「一線を画《かく》す」といった表現もよく用いられる。

問二 慣用的な表現の一部を補う問題だが、空欄前後の文脈を根拠にしないと解答の決まらないものもあるので、注意しよう。

1 直後に「手も『見る』」とあるので、「手」にかかわる表現であるへ「脈を見る」が正解になる。手首に指を当てて診察することを指す言葉で、「脈を診る」と表記することも多い。

2 直後の「舌も『見る』」に注目し、さらに直前の「味見」と並立する表現だと考えれば、ロ「毒見」が正解だとわかる。

3 直後の「きき酒」とは、漢字では「利き酒」または「聞き酒」と書き、酒の良し悪しを鑑定することを指す。したがって、空欄にはハ「味」を入れればよい。

4・5 選択肢にある漢字を空欄に入れて成立する「…ざわり」という表現は、イ「目ざわり」、ホ「耳ざわり」しかない。前者は見ていて不快なさま、後者は聞いていて不快なさまであり、ともに漢字では「目障り」「耳障り」と書くのが普通である。

問三 空欄補充問題。**空欄の前後の文脈をよく確認して、解答を決めよう**（正解へのアクセス④）。

X 近代になって「写真やレコード」が登場すると、「いつでもどこでも」絵や音楽を「鑑賞」することが可能になった。その「鑑賞」のあり方を表現した言葉が、空欄に入る。「いつでもどこでも」という意味合いに近い語は「自由」しかない。

Y 空欄の次の行に「鋭い近代批判」という表現があり、この「鋭い」を言い換えた語を空欄に入れればよい。正解は、〈思い切って積極的に行う〉という意味の「果敢」である。「性急」は〈気短で落ち着きがない〉という意味で、一般には否定的なニュアンスで使われる言葉なので、この空欄には入らない。

Z 西欧近代では、「舞踊や演劇」は、美術や音楽とは違って「蔑まれた」。それは、美術が視覚専用の芸術で、音楽が聴覚専用の芸術であったのと違い、「舞踊や演劇」が視覚と聴覚の「いずれにもかかわる」ものだからである。そして複数の感覚にかかわるということは、どの感覚に訴えるのかが〈はっきりしない〉ということだと考えられる。したがって、この〈はっきりしない〉という意味合いを言い換えた「曖昧」が正解だとわかるだろう。

なお、空欄には否定的なニュアンスの語が入ると推測できるため、「性急」「皮肉」「単純」も解答の候補になる。しかし「性急な芸術」とか「皮肉な芸術」とかいった表現は、意味が通じない。また「単純」では、〈複数の感覚領域にかかわっている〉という意味とはむしろ逆の方向になってしまう。

問四 傍線部の直前にあるとおり、コンサート・ホールとは、「この傾向」つまり「感覚」の「分割」が「芸術という総体を分断し、それぞれのジャンルを孤立化し」たという傾向から生まれたものである。筆者は、**「感覚」が「分割」され、芸術のジャンルが「絵」や「音楽」などというふうに「孤立化」したことで、「美術館」や「コンサート・ホール」という制度が生まれた**と述べているのだ。

そして、「感覚」の「分割」による芸術のジャンルの「孤立化」ということは、[1]の最後で具体的に述べられている。「絵画は『見る』だけ、音楽は『聴く』だけのものとなってしまった」。つまり、**音楽は五感のうちの聴覚だけを使って「聴く」ためだけのものとされてしまい、その「聴く」いう行為のためだけに作られた施設が、コンサート・ホールだ**というわけである。

以上のことから、正解はニだとわかる。コンサート・ホールは、外部の音を遮断したり、客席を暗くしたりするが、それは「音楽を聴くという行為に人が集中しやすくなる」ためなのである。

他の選択肢については、以下のとおり。

イ「感覚」の「分割」とはまったく関係ない内容である。また、コンサート・ホールは「近代になって登場した」ものだが、「神聖な雰囲気」というのは、どちらかというと近代以前の教会での儀式に近いものだと考えたほうがいいだろう（ℓ7〜9）。

ロ「全身で体験」というのが、「感覚」の「分割」とはむしろ正反対の内容である。

ハ イと同様、「感覚」の「分割」について言及されていない。また、コンサート・ホールは「音楽のため」だけに作られた施設なのだから、「さまざまな芸術を鑑賞させる機会を与えるために作られた」というのは明らかに間違いである。

ホ「五感を研ぎ澄ませて」が×。「五感」すべてではなく「聴覚」によって音楽を聴くために作られた空間である。

問五 直後にあるとおり、傍線部の「近代」とは「西欧の近代」のことである。西欧文化の特徴は[1]〜[3]で述べられているので、その部分の内容に最も即しているものを、消去法で選んでみよう。

イ 感覚にかかわる芸術とそうでない芸術とを区別したという趣旨の選択肢だが、そうしたことは本文に述べられていない。そもそも、感覚に一切かかわらない芸術など存在しないはずである。

ロ 本文に述べられていない内容。しかも「全身的体験」を味わうというのは、西欧近代のあり方とはむしろ正反対である。

ハ「身体の総合的感覚を重視する」が×。これは、西欧近代の「分析的思考法」とはむしろ逆である。

ニ「意識と身体とを区別」するというのも、「意識を全体的なものと捉え」るというのも、本文に述べられていない内容である。

ホ 西欧の人々は、「人間の身体を各部分とその機能に分けて、その総和が人間全体であると考えた」（ℓ1〜2）。だとすれば、たとえば人間の身体を、臓器・骨・血液などというふうに「各部分に分け」、その「それぞれについて解明」していけば、人間とはどういうものかということや、その「全体像」がわかるということになる。したがって、このホが正解である。

この正解ホは、本文に述べられていることをそのまま書いている選択肢ではなく、本文の内容から論理的に導き出したことを述べたような選択肢になっている。したがって、この問題では、**消去法を用いないと正解を得ることは難しい。**こうした問題もあるということを自覚して、選択肢同士を比較検討しながら**つねにより良い答えを慎重に選**

ぶ（正解へのアクセス①）ようにしてほしい。

問六　筆者が「日本の伝統的な芸術体験に意義を見出している」理由が直接的に述べられているのは26行目。要するに、**「『近代』の見直しにあたって、かつての日本の芸術体験のあり方が重要な示唆を与える」からである**。したがって、まずはこの26行目の内容が解答の軸になるということがわかる。

次に、なぜ「『近代』の見直しにあたって、かつての日本の芸術体験のあり方が重要な示唆を与える」のかということを考えてみよう。それは、**「近代（西欧近代）」が「分析的思考法」にもとづいている（ℓ3）のに対して、「かつての日本の芸術体験」では「全体的な身体感覚」が重要視されている（ℓ34）から**である。

以上のことから、とりあえずの解答として次のようなものができあがる。

とりあえずの解答

分析的思考法によって貫かれている西欧近代の文化を見直すにあたって、全体的身体感覚を重要視する日本の伝統的な芸術体験のあり方が重要な示唆を与えると思われるから。（79字）

これで一応の解答になっているのだが、このままではまだ物足りない。ここで思い出してほしいのが、**できるだけすじの通った答え、つまり論理的に完結した答えを作る**（正解へのアクセス④）ということだ。右の「とりあえずの解答」では、筆者が「西欧近代の文化を見直す」べきだと主張しているということはわかる。しかし、ではなぜ見直すべきなのかと言われたら、右の解答だけではわからない。「西欧近代の文化」は、どうして見直されなければならないのだろうか？

そう考えると、7～9行目の内容に注目できる。筆者は、「絵画も音楽も、本来は眼あるいは耳だけで受取るものではなく、……さまざまの感覚を通じて、いわば身体全体で体験するものである」と述べている。つまり、**芸術とは本来「身体全体で体験するもの」であるはずなのに、西欧近代においては、その「全体」性が失われている。だからこそ、「全体的身体感覚」を重要視する日本の伝統的な芸術体験のあり方が重要になる**。このように説明すれば、すじの通った完結性のある解答ができあがるのだ。

設問に「本文全体の論旨をふまえて」とあることに注意し、本文の後半だけでなく、前半の内容も視野に入れること。そのうえで、すじの通った解答をつくるように心がけること。そうしたことができれば、この問題で高得点が得られるはずである。

知識へのアクセス⑨

一対《いっつい》になっている基本的な概念語の意味・用法を、しっかり身につけるようにしよう

なお、筆者は西欧文化の基本にあるものを「分析的思考法」と呼んでいるが、この「**分析**」という語の対義語は「**総合**」である。つまり本文における「西欧近代」対「伝統的日本」という対比関係は、「分析」対「総合」という関係に置き換えることもできるのだ。

また、「分析」とは、物事を部分部分に分解し、その成分や特徴などを明らかにしていくという意味であり、反対に「総合」は、物事の全体をまとめて捉えるという意味をもっている。そして、この「部分」と「全体」という言葉も対義語だ。

「分析」と**「総合」**、あるいは**「部分」**と**「全体」**といった一対の概念は、現代文で頻出する。そして、こうした基本的な対《つい》概念についての知識は、現代文読解の根幹をなす重要なものである。このほかにも、たとえば**「具体」**と**「抽象」**、**「特殊」**と**「普遍」**、**「理性」**と**「感性」**など、重要な対概念はいくつもある。これらの言葉の意味・用法を、しっかり身につけておくようにしてほしい。

【解答】

問一　a　祭壇　b　享受　c　画然

問二　1　ヘ　2　ロ　3　ハ　4　イ　5　ホ　（4・5は順不同）

問三　X　ヘ　Y　ニ　Z　ロ

問四　ニ

問五　ホ

問六　近代以降においては西欧の分析的思考法が支配的であり、そこでは身体全体で体験するはずの芸術もそうした全体性を失っているが、全体的身体感覚を重んじる日本の伝統的な芸術体験のあり方は、そのような近代を見直すうえで重要な示唆を与えると思われるから。（120字）

【配点】

問一　6点（2点×3）

問二　10点（2点×5）

問三　9点（3点×3）

問四　6点

問五　7点

問六　12点

a　芸術とは本来、身体全体で体験するものである……4点

b　近代（西欧）＝分析的思考法……2点

c　bでは芸術が全体性を失っている……2点

・「bでは感覚が分割されている」「bでは芸術という総体が分断されている」「bでは芸術のジャンルが孤立化している」なども可。

d　日本の伝統的な芸術体験＝全体的な身体感覚が重要視される……2点

e　dはbcを見直すうえで重要な示唆を与える……2点

＊解答例は〈b→a→c→d→e〉の順でまとめてあるが、前半は〈a→b→c〉の順にして、たとえば「本来は身体全体で体験するものであるはずの芸術が、分析的思考法に支配された西欧近代においては、一つの感覚ごとに対応する孤立したジャンルとして扱われていた」などというふうに書いてもよい。

Follow Up 2 『日本の天文学』 中山 茂

設問の解説

問二 「所詮《しょせん》」とは、〈つまるところ・結局〉という意味の副詞である。正解はイになる。類似の意味の副詞に「畢竟《ひっきょう》」があるので、覚えておこう。

問三 正解へのアクセス⑫に従い、**傍線部の「天変」と同じ話題の出てくる箇所**が、5や6であることに着目しよう。まず5に、「どうにも法則性で説明できなければ、天変の箱に入れて整理すればよい」とか「月の運行がどうも異常で説明できないと思えば……さっさと天変の箱にそのデータを入れてしまう」と書かれているので、「天変」は〈法則性に反する異常な現象〉を意味することは明らかである。

問題はこれが起きる理由、つまりなぜ天体に〈法則性に反する〉現象が生じるのか、ということ。その点については、6に「天体現象が法則に従わないのは、法則に不備があるのではなくて……天が異常で気まぐれに動くのかもしれない、と考える」とある。つまり、「天変」は「天が異常で気まぐれに動く」かもしれないものだから生じると考えられているのである。したがって、指定された「天が……可能性があるから」という前後関係に適合する十字ちょうどの表現として「**異常で気まぐれに動く**」が正解になる。21行目の「異常で説明できない」などは、十字ちょうどの表現にならない。くれぐれも、正解へのアクセス②に従い、**設問をよく読んで、設問の条件に合う語句を抜き出す**ようにしよう。

問四 正解へのアクセス④に従い、**前後の文脈を確認しよう**。傍線部の「双方の箱」とは前の行にある「天文」と「暦」という二つの箱。これはさらにその直前では「法則性」と「天変」の二つの整理箱と書かれている。4に示されていたとおり**a〈「法則性を求める」のが「暦」〉**であり、問三で見たとおり、**b〈法則から外れた「天変」を記録するのが「天文」〉**である。これを「一つの役所」がどのように「管理」していたかが問題となっている。

18行目に、「新しい観測報告が来た時、それがどうにも法則性で説明できなければ、天変の箱に入れて整理すればよい」、「天文と暦という二つの箱は相反目する二つのグループのそれぞれの縄張りのものではなく」と書かれているので、まずは〈法則性を求める「暦」〉で捉えられる対象は「暦」の整理箱へ、法則性が認められなければ「天変」として「天文」の箱に入れるという整理方法になっている。その際、39行目に「天文と暦学を共存させ」とあるとおり、**c〈二つの整理体系が対立せずに、共存していた〉**点を見落とさないこと。したがって正解はニになる。「法則性を追求する立場」がa、「法則性から外れたもの（＝天変）を記録する立場」がb、それが「一つの役所で矛盾せずに現象を分類して共存していた」がcに合致している。

イは、「天文の記録と天変の記録という別々の整理体系」が×。bで確認したとおり「天文の記録」と「天変の記録」はまったく同じものなので「別々の整理体系」にならない。

ロは「法則性を追求する立場と、記録を重視する立場が、一つの役所内で対立しあい」がcに反している。「対立」はないのである。

ハは、「協力し合って現象の統一した記録を作り」が×。法則性をもった現象を記録する「暦」と、法則性を逸脱した「天変」を記録する「天文」とは、あくまで異なった対象を記録するものとして、共存（＝別の物事が共に存在）しているのであり（c）、「統一」しているわけではない。

ホは「記録を重視する立場がすべての現象を記録し、法則性を追求する立場がその一部を扱って」が、a・bの「暦」と「天文」の関係に適合しない。

問五　傍線部の「予測に合わないのはわれわれが悪いのではない、天が悪いんだ」というのは、自分の予測の不備を認めない考え方を意味する。つまり傍線部は、〈自分の予測の不備を認めない考え方では「科学は成り立たない」〉ということを述べている。もっと単純に言うと、傍線部は〈**科学は「予測に合わないのは自分たちの予測に不備があるからだ」と認めることで成立する**〉ことを述べていることになる。

問題は、なぜそう言えるのかということ。「科学」は「天体は必ず唯一の法則に従わねばならない」[6]という西洋の強烈な信仰を基盤にしているが、古代の西洋であれば「法則に合わない現象は切り棄ててゆく」[4]という態度をとったのに、なぜ近代の「科学」の場合は、〈予測に合わないのは自分たちの予測に不備があるからだと認める〉のか？

ここで、**正解へのアクセス⑫**に従い、**傍線部と同じ話題、すなわち〈予測に反する「変則性」と科学との関係〉について述べた箇所を探す**と、[8]の「その箱（＝法則性の箱）に入らない変則性があまりに多くなると、古い箱を棄てて新しい収容力の大きい箱を求める。これが科学革命である。」という部分に注目できるはずだ。ここから、〈近代の「科学」が、予測に合わないのは自分たちの予測に不備があるからだと認める〉と言える理由は、〈**法則性にもとづく予測が外れ続けると、自分たちの法則性に間違いがあると考えて、新たな法則性を求めて科学革命が生じる〉という事実があるからだ**ということが明らかになる。

したがって、正解は、ホになる。

イは、「科学」が傍線部の「天が悪いんだ」という考えを支持していることになるので×。まったく逆である。

ロは、「予測が外れる」事態を「忠実に記録するのが科学的態度」だとは本文に書かれていないし、何よりも「予測が外れる」事態が「科学的問題となり得ない」が×。予測が外れる事態が科学的に問題だから、新たな法則性が求められるのである。

ハは、「予測が外れるのは……例外的事態として処理すべきだから」が×。科学は「天体は必ず唯一の法則に従わねばならない」という信念で成り立っており、例外を認めないのである。

ニは、「予測を的中させることが科学の目的ではない以上、問題視すべきではない」が×。法則性を重視する科学は、法則的な予測が外れることを重大な問題だと考えるからこそ、新たな法則を求めるのである。

問六　**正解へのアクセス②**に従って**設問をよく読もう**。ⅠとⅢは本文中の語句を抜き出すだけだが、Ⅱは自分で本文の語句を用いつつ自分で工夫した表現を入れる必要があることを見落とさないこと。

まず、Ⅰについては、**問五**でも見たとおり、「西洋」で「法則性に合わない事態」が多くなると、「古い箱（＝法則性）を棄てて新しい収容力の大きい箱を求める」ことになるという話題が[8]にあり、「これが科学革命である」と書かれている。つまり［Ⅰ］で「法則性に合わない事態」が多くなると起こるのは「**科学革命**」なのである。

一方中国文化圏では、39行目に「天文と暦学を共存させ」とあるとおり、「暦学」と「天文」とが共存してきたのである。Ⅱは、直後が「～との両者が共存し」となっているので、「……暦学と、……天文との両者が共存し」という前後関係になるはずだ。制限字数は二十字なので、この「暦学」が〈法則性を求める〉ものであり、「天文」が〈天変を記録する〉ものであることを説明に加えて、〈**法則性を求める暦学と、天変を記録する天文**〉の両者が共存することを示せばいいだろう。

最後にⅢで「天文によって」「累積」されたものが、問題になっているが、これは37行目に「天文の伝統が永く続いて、膨大な天変記録の累積を見た」と書かれているので、「**膨大な天変記録**」が正解になる。「天変」はたしかに「法則性」に適合しない。

【解答】

問一　a　網　b　縄　c　博物　d　排斥
問二　イ
問三　異常で気まぐれに動く
問四　ニ
問五　ホ
問六　Ⅰ　科学革命
Ⅱ　法則性を求める暦学と、天変を記録する天文（20字）
Ⅲ　膨大な天変記録

【配点】

問一　8点（2点×4）
問二　3点
問三　6点
問四　8点
問五　8点
問六　Ⅰ　3点
Ⅱ　10点
a　法則性を求める……………………………3点
b　暦学と…………………………………………2点
c　天変を記録する・異常な現象を記録する…………3点
d　天文…………………………………………2点
Ⅲ　4点

Follow Up 3

『社会契約論』重田園江

設問の解説

問二 X には「銘」という字が入る。「肝《きも》に銘《めい》じる（肝に銘ず）」とは、〈心にきざみこむようにして忘れない。しっかり覚えておく〉という意味。「心に銘ず」という言い方もある。

問三 空欄の前後の文脈をよく確認し、解答の方向性を見きわめよう（**正解へのアクセス④**）。

甲 を含む一文は、直前の内容を言い換えている。文脈を整理すると、次のようになる。

> 人は、自分が他者と同じように尊重されたいと願う。他者も自分と同じように、あるいはある他者が別の他者と同じように尊重されてほしいとも願う。
>
> ＝
>
> 人は自分のためだけではなく、他者のためにもある種の 甲 を欲するのだ。

すなわち、人が願う「ある種の 甲 」とは、**自分も他者も同じように尊重されること**である。したがって、ホの「平等」が正解。「平等」とは、〈かたよることなくひとしいこと、一様に扱うこと〉という意味である。イ「自由」は、こうした文脈に合わないので×。

「具体的な他者の 乙 を前にして」は、前の文の「**関わりたいのに関われない具体的かつ圧倒的な他者を前にして**」を言い換えている。したがって、ロの「実在（＝実際に存在すること）」が正解。これは、具体的には、筆者が「スモーキー・マウンテン」を見に行って、その過酷な環境で暮らす女性と赤ん坊に出会った体験を指している。

問四 問われているのは「哀切である」だけの映画を筆者がどのようなものだと考えているか、である。まず、**傍線部と同じ話題や語句が出てくる箇所に着目しよう**（**正解へのアクセス⑫**）。傍線部の「哀切」と「痛切」の違いについて説明されているのは、2・3である。

筆者によれば、観る者が、映画が描く人の哀しみに「思わず入り込んでしまう」とき、「哀切」が「痛切」に変わるという（2）。そのとき、「哀切が痛切にまで届くことで、かわいそうな話も滑稽な話も、**ただ消費されるだけの他人事**ではなくなる」（3）。つまり、この「ただ消費されるだけの他人事」（13字）が正解となる。

「哀切である」だけの映画は、観る者にとって「ただの物語」であり、描かれた哀しみはあくまでも「他人事」である。だが、「痛切」にまで届く映画は、観る者に「他人の境遇に身を切られるような思い」を抱かせるというのである（4・5）。

問五 傍線部の「この意味で社会的な視点」は、「一般性の次元」を指す。つまり、14の〈自分のことと他人のことを区別できない次元〉のことである。ここで問われているのは、どのような経験をすると、人はこうした「視点」に立ち、「一般性の次元」に意識を向けるようになるか、である。なお、**「他者」と「隔たり」という言葉を用いて説明する**という条件をくれぐれも見落とさないでほしい。

ここでも、**傍線部と同じ話題や語句が出てくる箇所に着目すると**（**正解へのアクセス⑫**）、まず、53行目に「一般性の次元は、**人が他者との隔たりの前に立ち尽くすとき**（a）、いつも意識する次元なのだ」とある。この点をまずおさえよう（これで「他者」と「隔たり」という言葉を用いるという条件を満たすことができる）。

ただし、まだ字数に余裕がある。**記述問題の答えは、中身の濃いものにしよう**（**正解へのアクセス⑬**）。筆者は、7～13で、「スモーキー・マウンテン」での自分自身の体験に即して、「他者」との「隔たり」の前に「立ち尽くす」ことを説明している。9の「どうしようもない隔たり」や「無力感」に注目すれば、「他者」との「隔たり」が**埋めることのできない**（a）ものだとわかる。

そして、そうした「他者との埋めることのできない隔たり」に遭遇したあとで「**それでもその人、その境遇に関わりたい、関わらなければと思ったときに**（b）」、「この社会は間違ってるんじゃないか」、あるいは「社会を変えたい」という思いを抱く（11）。自分と異なる境遇に生きる「具体」的な他者との出会いから、社会という「一般」の次元へと「思考に一種のジャンプが生じる」のである（12）。筆者は、13で、「こうした『具体』からのジャンプが、人を一般性の視点に立たせるのだと思う」と述べている。

a　他者との間に埋められない隔たりを感じつつも
b　他者と関わりたいと思う

以上のaとbをまとめれば正解となる。

問六　筆者の考えに「合致しない」ものを「一つ」選ぶ。

イ　問三の［甲］でも解説したように、これは12で述べられた筆者の考えに合致する。人は、自分だけでなく他者についても〈皆と同じように平等に扱われる〉ことを願う。だから、誰かがあまりにもひどい境遇に置かれていることを許容できないのである。

ロ　おもに15・16の内容に合致する。社会契約論が「一般性の次元」を拓いたことは15に、「具体的な他者と自分がともに生きる社会の次元」であることは16に書かれている。

ハ　「人は、芸術の体験において、他者の境遇を自分のことのように感じることがある」は2～4の内容に、「日常ではそうした思いを抱くことはなかなかできない」は、17～18行目の内容に合致する。

ニ　「**一般性の視点に立てば…他者になり代わることができるようになる」は、本文のどこにも書かれていない内容である。**6に書かれているように、そもそも「他者は自分とは違う」のであり、他者は「直接にはなり代わることのできない」ものなのである。「他者になり代わることができる」といったことは、本文のどこからも読み取ることはできない。筆者の意見に明らかに「合致しない」ので、これが正解である。

ホ　56～59行目の内容に合致する。「**本文の解説**」の「**まとめ**」も参照してもらいたい。筆者によれば、人がともに生きる一般性の次元を意識することは、みなが納得できるルールを模索し、「間違っている」と感じられる社会のありようを変えることにつながるのである。

【解答】

問一　a　鑑賞　b　是非　c　陰惨　d　特殊

問二　銘

問三　甲　ホ　乙　ロ

問四　ただ消費されるだけの他人事（13字）

問五　他者との間に埋めることのできない隔たりを感じつつも、他者と関わりたいと思う経験。（40字）

問六　ニ

【配点】

問一　8点（2点×4）

問二　3点

問三　10点（5点×2）

問四　7点

問五　12点

a　他者との間に埋められない隔たりを感じつつも……6点

・「（ひどい境遇に置かれた）他者に何もできない無力感」なども可。

・「埋められない」「無力（何もできない）」といった内容がどこにもない場合は、2点減点。

b　他者と関わりたいと思う……………………6点

・「（ひどい境遇に置かれた）他者のために何かしたい」なども可。

・「（他者をひどい境遇に置きつづける）社会を変えたいと思う」なども可。

＊「他者」「隔たり」のいずれかを欠くものは、全体が0点。

問六　10点

Follow Up 4 『居坐《いすわ》り猫』島尾敏雄

設問の解説

問一　「窮鼠《きゅうそ》猫を噛む」とは、〈追い詰められて逃げ場を失った鼠が猫に噛みつく〉という意味であり、〈追い詰められた弱い立場の人が、必死になって強い者に抵抗すること〉を喩《たと》えてもいる。正解はロ。

問三　「横」という文字は、「タテ・ヨコ」の「ヨコ」の意味があるが、〈よこしまに、あるいは**道理に従わない**〉という含意で熟語を作る場合がある。「横着」は、〈しなければならないことをせず、怠けること〉という意味であり、〈道理に従わない〉というニュアンスで「横」の文字が用いられている。

イ「横紙破り（＝無理に自分の考えを押し通そうとすること）」も、

ロ「横車を押す（＝理屈に合わないことを無理やり押し通す）」も、

ニ「横暴（＝わがままで乱暴なこと）」も、ホ「横柄（＝威張って人を見下げたような態度）」も、こうした含意がある表現。

これらと違い、ハ「縦横無尽」は〈物事を思う存分自由自在に行う〉という意味である。ここには、〈道理に従わない〉というニュアンスはない。したがって、ハが正解。なお、「縦横」とは〈タテとヨコあるいは、東西と南北〉という意味であり、「縦横に」という形になると、〈思うままに〉という意味で用いられる。

問四　ここでは、**正解へのアクセス②**〈**何が問われているのかを正確につかもう**〉に注意しよう。「表現についての説明」が求められているので、特徴ある表現に注目するのは当然であるが、それだけではなく、その表現がどういうことを示しているのかも、正確に読み取らなければいけない。傍線部の前後には、**「私」の家が鼠の被害を受け続け困惑していること**（a）が示されている。

また、傍線部では、「鼠どもの心は荒れすさび、……狂暴な作戦に出ないでもない」とあり、鼠が人間のような精神を持ち、かつ作戦まで立てて行動しているかのように表現されている。ここでは、人間以外の存在や事象を人間のように示す**擬人法が用いられている**（b）のだ。また、こうしたことは「妄想」であるとして、「私」の言い方が現実離れした**大げさな言い方**だということ（c）が自覚されている。

こうした内容に即しているハが正解。

イ「家族のそれぞれが心の悩みや苦しみを抱えている」とあるが、「私」以外の登場人物の心情は明らかにされていない。また「象徴的に表現されている」も不適切。

ロ〈まるで～のように〉など、喩えであることが明示されているのが「直喩《ちょくゆ》」である。傍線部にそうした表現はない。

ニ「鼠の心象」とか、「鼠」が「狂暴な作戦」に出るといった表現は決して「写実的（＝実際の事象をあるがまま表現すること）」とは言えない。

ホ「特に深刻な被害でもない」は、aと明らかに矛盾する。

問五　**正解へのアクセス④**〈**傍線部の前後の文脈をよく確認し、解答の方向を見きわめよう**〉に即して考えていこう。傍線部の前では、「私の過去」と全く無関係な生活をしてきた妻が、「私」の生活に新しい雰囲気を持ち込んだということが述べられている。そして傍線部の後では、そうした妻が家の中の日常生活の中心になり、生き生きとした生活を営むことで、「私」を自分のペースに巻き込んでいったことが示されている。以上を整理すると、

a　全く異なる体験（＝生活）を経てきた
b　家に新たな雰囲気をもたらす
c　次第にわが家の中心となる
d　いきいきした生活を営んでいる

となる。ポイントをまとめる際には**正解へのアクセス⑤（記述問題では、筋の通ったわかりやすい答えを作るよう心がけよう）**を忘れないようにしよう。

なお、設問の中心は「妻」は「どのような存在」かということであり、その内容が示されていればよく、「〜として描かれている。」といった文末にする必要はない。

問六　傍線部の表現から、〈「私」は猫が家に住み着いたことを不思議に思っている〉ということは読み取れる。けれども何がどのように不思議なのだろうか？

こういう時には、**正解へのアクセス⑨（とらえどころのない問題では、本文全体の主旨に即して解答を考えよう）**に着目しよう。

1では、「私」は鼠の被害に困惑しながらも、猫を飼うという妻の提案に賛成していたわけではない。ところが4では、「私」の予想に反し、猫が居坐るようになった。当初はなじめないでいた「私」だったが、猫のおかげで鼠が鳴りをひそめ、子供達が楽しく日々を送るようになるにつれ、自分の性格もより明るくなったように思える。このようにわが家にとって好ましい変化をこの猫がもたらした。この猫がよその家でなく、わが家に居坐ったのは何故かが今なおわからないでいる。これが猫に関わる内容の流れである。以上を整理すると、

a　たまたま家に入り込んだ猫が居坐った
b　猫は、鼠の被害を防止し、子供に楽しみをもたらし、「私」の性格を明るくもした
c　猫が住み着いたことに不思議な思いがする

となり、これらの内容に即した二が正解となる。

イ　猫が私の家に来たことについて、「どうして」と不思議な気持ちになっているのであり、猫を受け入れるようになった「気持ちの変化に戸惑っている」わけではない。

ロ　子供と猫との「命のつながり」を「私」が感じているかどうかは、本文からはわからない。また、傍線部の「どうして」という「私」の思いに対応するcが欠落している。

ハ　「過去にこだわらず現在の充実感を大切にしよう」が本文中に根拠のない内容。また、ロと同じくcが欠落している。

ホ　「妻への遠慮から猫の飼育をしぶしぶ承知した」が、本文の内容と合致しない。「私」は「いいよ」と妻に返事をしている。というのも、猫の持ち主がすぐに引き取りに来ると想定していたからである。

【解　答】

問一　a　始末　b　誤解　c　渋
　　　d　上機嫌　e　不都合

問二　ロ

問三　ハ

問四　ハ

問五　全く異なる体験を経てきた人間として新たな雰囲気をもたらし、次第にわが家の中心となり、いきいきした生活を営んでいる存在。（59字）

問六　ニ

【配　点】

問一　10点（2点×5）

問二　3点

問三　3点

問四　10点

問五　14点

a　全く異なる体験（＝生活）を経てきた……3点
＝「私」とは全然関係のない長い違った生活をしてきた

b　新たな雰囲気をもたらす……3点

c　次第にわが家の中心となる……4点
＝家の中の日常生活の秩序の中心となる
＊「私」を巻き込む（＝押し切る）は、2点。

d　いきいきした生活を営んでいる……4点

問六　10点

〈知識へのアクセス一覧表〉

1	漢字や熟語などは、その語の典型的な用例とともに覚えるようにしよう
2	個々の漢字の意味をおさえよう
3	身体の部位を含むことわざや慣用表現はたくさんあるので、それぞれの部位に即して、言葉の知識を整理しておこう
4	漢字の読みの音訓を間違えないよう、注意しよう
5	言葉の接頭語の意味に着目しよう
6	まずは、明治二十年前後から大正末までの、基本的な文学史の知識をおさえておこう
7	類語を覚えていこう
8	文学史の学習では、すべてをまんべんなく暗記しようとせず、まずは夏目漱石・森鷗外・芥川龍之介・正岡子規などの重要な作家を中心に覚えるようにしてみよう
9	一対《いっつい》になっている基本的な概念語の意味・用法を、しっかり身につけるようにしよう

KP
KAWAI PUBLISHING